大学生に知ってほしい弁護士の仕事

大・畠山 慎市 著

三恵社

まえがき

　本書では、平成27年度に行われた弁護士の畠山慎市氏の講義録を紹介します。

　実は、弁護士の仕事内容を若者向けに紹介した書籍は、これまでにも数多く出版されています。①小中学生向けに、数ある職業の一つとして弁護士の仕事を分かりやすく伝える書籍。②司法試験を視野に入れている大学生向けに、具体の事案にも触れながら詳細に紹介している書籍の2種類です。

　小中学生向けのものとしては、『新　１３歳からのハローワーク』(村上龍、幻冬舎、2010年)が有名でしょうか。そこでは、弁護士は具体的に次のように説明されています。「社会に起こるさまざまな問題の解決に取り組み、依頼人の基本的人権を擁護する法律の専門家。…日頃ニュースやテレビドラマなどで脚光を浴びるのは刑事事件に携わる弁護士が多いが、大多数の弁護士は、貸し借りのトラブルや離婚などの私的な紛争を、一定のルールに基づいて解決する、民事事件を中心に活躍をしている。(p.353)」

　たしかに的確な説明ですし、また仕事のイメージが抽象的には伝わるのですが、では具体的に弁護士が毎日どのような仕事をしているのかといった点については、物足りない感じもします。

　他方で、司法試験を視野に入れている大学生向けの書籍では、民事事件、刑事事件のさまざまな仕事を掘り下げ、弁護士たちが自身の担当する仕事や日常の作業の様子を紹介しています。ただ、司法試験・法曹をめざす学

生向けであるため、一般の学生にとっては、やや専門的過ぎる内容となっています。

そこで今回、両者の間を探る形で、法学部の学生一般向けに、弁護士の仕事を紹介する機会を設けたいと考えました。

ところで、この講義録を作成する意図はもう一つあります。

それは、主に大学1・2年生を対象とし、安全で楽しく有意義な学生生活を送るための、弁護士の立場から大学生へ向けたメッセージです。弁護士がその仕事を通して日々思うところを踏まえ、①社会に出る前に学生時代の時間を有効活用し、様々な経験をし、自分の頭で考えることがなぜ必要なのか、そのためにはどうすればよいのかといった点についてのアドバイスやヒントを大学生の皆さんに伝えたいと考えました。

また、②大学生が巻き込まれる可能性があるトラブルにはどのようなものがあるのか、そしてその対処方法、さらには弁護士の活用方法についても触れていますので、その辺りの知識も増やしてほしいと考えました。

この講義録を通して、皆さんの大学生活が安全で有意義なものとなることを願っています。

目次

まえがき・・・・・・・・・・・・・・・・・・・・・・・iii

講義レジュメ・・・・・・・・・・・・・・・・・・・・・1

ご挨拶・・・・・・・・・・・・・・・・・・・・・・・・8
自己紹介・・・・・・・・・・・・・・・・・・・・・・・8
弁護士を志望した理由－弱者救済・・・・・・・・・・・10
弁護士の役割－弁護士法より・・・・・・・・・・・・・11
刑事事件と民事事件の違い（ごく簡単に）・・・・・・・13
刑事事件…弁護人、「捜査」弁護と「公判」弁護・・・・・13
「捜査」弁護では弁護士はまず何をするか？・・・・・・14
「被疑者」と「被告人」・・・・・・・・・・・・・・・17
民事事件では「原告」と「被告」・・・・・・・・・・・19
刑事事件では被疑者の弁護人はどんな仕事をするのか？・・・20
被疑者が「盗みました」と言った場合－謝罪、被害回復、示談・・・・21
被疑者が「やっていない」と言った場合…アリバイ探し、聞き取り、現地調査
・・・・・・・・・・・・・・・・・・・・・25
刑事事件では、外で仕事をすることも多い・・・・・・・28
福祉事務所に同行することも、さらには…・・・・・・・29
若干の質疑応答（1）・・・・・・・・・・・・・・・・32
民事事件…マチ弁の仕事とは？・・・・・・・・・・・・35
民事事件の仕事もデスクワークばかりではない・・・・・36
弁護士の仕事の責任の重さ・大変さ①…依頼者の「代理」で仕事をしている
・・・・・・・・・・・・・・・・・・・・・38
弁護士の仕事の責任の重さ・大変さ②…依頼者の「社会的生命」を預かっている
・・・・・・・・・・・・・・・・・・・・・39

v

弁護士の仕事の責任の重さ・大変さ③…実社会の出来事はドラマチックすぎる
・・・・・・・・・・39
弁護士になって嬉しく感じたこと・・・・・・・・・・・・・・40
若干の質疑応答（2）・・・・・・・・・・・・・・・・・・43
弁護士の仕事をとおして、皆さんにお伝えしたいこと・・・・・・44
ドラッグは絶対に駄目！・・・・・・・・・・・・・・・・・44
安保法制…実体と手続、手続の重要性・・・・・・・・・・・46
憲法は最高法規・・・・・・・・・・・・・・・・・・・・・47
適正な手続を踏むことの重要性・・・・・・・・・・・・・・48
勉強するのは「自分で物事を正しく判断する能力を身につけるため」・・・52
「ポテンシャル（能力）」＋「努力」＋「運・タイミング」＝「結果」・・・54
弁護士おまけ話－年収、法律相談料、弁護士会費、労働時間など・・・56
傍聴するなら刑事事件・・・・・・・・・・・・・・・・・58
＝質疑応答＝・・・・・・・・・・・・・・・・・・・・・59
弁護士の数は多すぎるのか？・・・・・・・・・・・・・・60
弁護士からのアドバイス（転ばぬ先の杖）－交通事故関係を中心に・・・63
交通事故の被害者になってしまったときには…・・・・・・64
自転車保険に加入しましょう・・・・・・・・・・・・・・66
民事事件の解決はどのようになるのか？・・・・・・・・・67
男女間のお付き合いは誠実に・・・・・・・・・・・・・・69
一日に扱う仕事の件数は？・・・・・・・・・・・・・・・69

あとがき・・・・・・・・・・・・・・・・・・・・・・・73

講義レジュメ

平成２７年９月２６日（土）
講師　弁護士　畠山　慎市

1　講師の経歴

1981/04	北海道札幌市で生まれ、高校卒業まで苫小牧市で生活（ニューヨーク・ヤンキースのマー君の出身校として有名な駒大苫小牧があります。駒澤との浅からぬ縁を感じます。）
2004/03	早稲田大学法学部卒業
2006/03	駒澤大学法科大学院修了（「行政学」の講義で田丸先生にお世話になりました。）
2006/09	第１回新司法試験を壊滅的な成績で不合格
2007/09	第２回新司法試験をまあまあの成績で合格
2008/12～	新第６１期司法修習を修了　弁護士登録（東京弁護士会）今年の１２月で丸７年
2012/04～	駒澤大学法科大学院非常勤講師

2　弁護士になろうと思った理由　～「弱者救済」～

「本当に法律による助けが必要な人というのは、法律による助けを求めようとすら思いつかない」「最先端の分野の仕事やかっこいい仕事をすることはできないが、ふつうの人にふつうの言葉でわかりやすく法律を伝える仕事なら自分にもできるはずだ」というような思いから弁護士を目指すようになりました。小学生のころにはなんとなく意識し始めていたと思います。

3　弁護士の役割　～弁護士法より（一部現代語化）～

第１条（弁護士の使命）
１　弁護士は、（　　　　　　　　　）を擁護し、（　　　　　　　　　）を実現することを使命とする。

第３条（弁護士の職務）
１　弁護士は、当事者その他関係人の依頼又は官公署の委嘱によって、訴訟事件、非訟事件及び審査請求、異議申立て、再審査請求等行政庁に対する不服申立事件に関する行為その他一般の法律事務を行うことを職務とする。
２　弁護士は、当然、弁理士及び税理士の事務を行うことができる。

4　「畠山の仕事」その１～導入編～

私は、比較的刑事事件を多く扱う弁護士ですが、それでも、民事事件から得る収入のほうが多いですし、それは多くの弁護士にとっても同様であると思います。また、労働時間の観点からしても民事事件に割く時間のほうが多いのですが、刑事事件は、一定期間に集中的に長時間の労働を要するということが多いといえます。

cf 簡単にかつおおざっぱに言うと・・・
- 刑事事件　～　被疑者・被告人の弁護をする事件。被疑者が不起訴となる（刑事裁判にかけられない）ように、被告人の刑をできる限り軽くできるように、無罪にできるように活動する。
- 民事事件　～　刑事事件以外の金銭や財産、身分関係（離婚・養子）、相続などに関する事件。後二者などは家事事件ともいう。

5　「畠山の仕事」その2～刑事事件編～

⑴　はじめに

　弁護士は、刑事事件に関与するときは、「　　　　　」という立場で仕事をします。テレビドラマなどでは、刑事裁判の様子がメインに描かれているものが多いですが（これを「公判弁護」といいます）、実は公判弁護よりも、被疑者が逮捕されてから裁判に至るまでの間の（　　　）弁護のほうが弁護士にとっては大変な仕事になることも多いです（特に、被疑者が自分はやっていないという（＝否認する）場合）。

　その理由は、_____
_____
_____

⑵　被疑者の弁護人になったら

　ここで、話を具体的にするために、ひとつの事例を設定します。弁護人に選任されると、被疑者が身柄を拘束されている理由（＝被疑事実）を知ることになるのですが、それは、たとえば次のようなものです。

> 被疑者は、平成21年10月23日午後10時15分ころ、東京都世田谷区駒沢1-2-3所在中日本旅客鉄道株式会社駒沢駅高架下駐車場内において、木村義男（当時48歳）が占有管理していたオートバイ1台（時価約2万円相当）を窃取したものである。

　さて、ここから被疑者の弁護人としての仕事がスタートします。この事件を担当する弁護人は、一体何をするのでしょうか。

　被疑者が犯罪を行っていることを認めた場合や否認した場合を想定し、それぞれどんなことが考えられるでしょうか。

_____
_____
_____
_____

※上記の被疑者が、住居不定、無職のホームレスであるという場合には、さらにどのような活動を行うことが考えられるでしょうか？

6　「畠山の仕事」その3～民事事件編～

　私が過去に担当した、あるいは、現在担当している事件の一例をあげてみます。私は町医者的な弁護士、いわゆる「マチ弁」ですので、特定の分野に偏らず、いろいろな事件を担当しています。

- ・貸金返還請求事件　　・交通事故の際の保険金請求
- ・株式会社が株主総会を行う際のアドバイス
- ・内定先の会社が雇用を開始してくれない場合の給料の請求
- ・離婚調停　　・遺言書の作成　　建物明渡しの強制執行
- ・不動産の仮差押え　　・マンションの滞納管理費の請求
- ・破産の申立て、破産管財事件　　・任意整理事件
- ・DV防止法に基づく保護命令に関する事件　　・共有物分割請求事件
- ・広告代金請求事件　　・生活保護申請手続の代行
- ・（刑事事件の一種ですが）告訴状の作成、提出　　・遺産分割調停
- ・若い男女間の交際関係終了にあたってのトラブル

※合羽を着て家の基礎の下に潜る。
※山林の中をさまよい歩いて（　　　　　　　）を探す。
※「すみません、○○○号室に住んでいるのって、○○さんですか」と管理人さんに聞く。
※依頼者が体調を崩して入院をしてしまった場合…。

　　　　　　　　　　　　　　　　　　　　　　　　　　　　などなど

～　上記の※印4つはいずれも民事事件の関係での仕事。民事事件でも「おでかけ」は意外と多いのです。

7　弁護士の大変さ

- ・クライアントの「代理」で仕事をしているということ
- ・クライアントの「社会的生命」を預かっているということ
- ・実社会で起きていることは、ドラマ以上にドラマチックであること

8 弁護士になってうれしかったこと

(1) 私はお金の貸主の代理人で、借主の方に対して訴訟を起こしたうえで、和解に向けた話し合いを行い、最終的に貸主も借主も納得のいく和解ができたときに、事件の相手方である借主の方から「私に何かあったら今度は私の代理人になってください」といっていただいたこと。

(2) 遺言書の作成を依頼された方から事情をうかがっている際に、「もう遺言書のことは気にしなくていいですから、思っていることは全部話して下さい」と言って、遺言書を作成するためには直接必要のないことも時間をかけてうかがった。
「なぜこのような遺言の内容とすることにしたのか」という思いについて話をしていただき、最後に、「先生に話をしたら、胸がすっきりした」といっていただいたこと。

(3) 法律相談で有効なアドバイスをすることができ、「一緒にがんばりましょう」といったら、涙を流しながら「ほっとしました。やっと生きていける気がしてきました」といっていただいたこと。

9 最近の話題から

駒澤の卒業生として、大人として、後輩である皆さんにお伝えしたいこと

(1) 大切なことは、自分で考えてから判断すること／周りの言うことを鵜呑みにしないこと／いろんな視点から考えること

　① 覚せい剤や脱法ドラッグ（危険ドラッグ）はダメ。
　　→ 覚せい剤を使用している人に会ったことはありますか？私はあります。
　② どうして「逮捕」された人を弁護するの？
　　→ 刑事訴訟法の原則　疑わしいときは罰する？　罰しない？
　③ 安保法制って何が問題なの？
　　→ この問題から「実体（法）」と「手続（法）」の違いを意識できるようになろう。

　●そもそも憲法とは？
　　ごくごく簡単に言うと、憲法は、国民の人権を守るために国権（司法・立法・行政）の行動に制限をかけるために国民が作った法律。したがって、行政府（内閣）も立法府（国会）も、憲法に反しないように行政活動・立法活動を行わなければならない。
　　憲法に定められたことと違うことをする場合には、まずは、国民投票をして憲法を改正しなければならない。

cf　中谷防衛大臣の発言
　　「現在の憲法を、いかにこの法案（畠山注：安保法案）に適応させていけばいいのか、という議論を踏まえて閣議決定を行った」

---

cf　憲法第９条
　1　日本国民は、正義と秩序を基調とする国際平和を誠実に希求し、国権の発動たる戦争と、武力による威嚇又は武力の行使は、国際紛争を解決する手段としては、永久にこれを放棄する。
　2　前項の目的を達するため、陸海空軍その他の戦力は、これを保持しない。国の交戦権は、これを認めない。

　この条文から、「集団的自衛権（Ａ国が武力攻撃を受けた場合に、Ａ国と密接な関係にあるＢ国が、その武力攻撃をＢ国に危険を及ぼすものとして、Ａ国と共同で防衛に当たる権利のこと）」の行使は認められていると言えるか？（ちなみに、安倍内閣以前の内閣は認められないとしてきたが、安倍内閣は合憲だと解釈している。）
　　　　　↓
　言えないなら、集団的自衛権の行使を認める法律は「違憲」なので、国会はそのような法律は作ってはダメ。先に憲法を改正しなければならない。

⇒　集団的自衛権の行使を認める必要があるとしても（これは実体の問題）、手続を無視してはいけない。

cf　従業員Ａが「Ｂからセクハラを受けました」と言ってきた。直ちに、Ａに懲戒処分ができるか？
cf　借主Ｃが家賃を６か月分支払わないとき、貸主Ｄは、貸室の鍵を替えてしまうことはできるか？
cf　多数の人がＥが１０人を殺害したのを目撃した場合、すぐにＥを刑務所に入れられるか？

　～さらに進んで…
　　憲法９条には、「陸海空軍その他の戦力は、これを保持しない。」と書いているけれど、（陸上・海上・航空）自衛隊って、みるからに「戦力」じゃないの？「戦力」にあたるなら憲法違反なのでは？自衛隊を持つ必要があるなら（実体の問題）、先に９条を改正して戦力を持つことをＯＫにしなければならなかったのでは（手続の問題）？

(2) 「勉強」するのは、自分で物事を判断して生きていくため

(3) ポテンシャル＋（　　　　　　　）＋運・タイミング＝結果

10　弁護士おまけ話
(1) 弁護士とお金
① 新人弁護士の年収はどのくらい？
② 法律相談料、３０分でいくら？
③ 弁護士会費っていくらくらい？
(2) 弁護士と時間
① １日の労働時間は？
② 民事事件の第１回口頭弁論にかかる時間は？
③ 刑事事件の公判手続にかかる時間は？
(3) 弁護士の５つ道具
① 弁護士バッジ、身分証明書
② 職印　③ 名刺　④ 手帳　⑤ 六法
〜最近はiPadが大活躍中。

以　上

司会（田丸）：

　それでは、実務者講座の講義を始めます。

　今日は弁護士の畠山慎市さんにお越しいただきました。駒澤大学に法科大学院が開設された初年度、今から10年ほど前ですけれども、私の担当する行政学の授業を畠山さんが受講していたことがきっかけで、その後、卒業されお仕事に就かれてから、政治学科の実務者講座の講義に毎年お招きし、学生の皆さんに話をして頂いております。ちょうど7年目になります。

　僕のイメージなのですが、法学部（あるいは法律学科、政治学科）といっても、実際に弁護士になる学生はほとんどいませんでしょう。また、普段の生活でも弁護士とはあまり接点がないと思われがちです。

　そこで今回、畠山さんをお招きした理由は2つあります。1つ目は、弁護士（後述の、いわゆるマチ弁）の仕事は、我々の日常生活に意外と接点がありますので、そのような弁護士の仕事の中身を学生の皆さんに知ってほしいと考えました。講義はレジュメに沿ってご自身の仕事を紹介されるかと思うのですが、皆さんには再現ドラマを見るように弁護士の仕事のイメージが湧くのではないかなと思っています。

　もう1つの趣旨は、守秘義務といいますか、お話しできる範囲内でということにはなろうかと思うのですけれども、大学生や若い人が世の中で普通に生活していても、さまざまなトラブルに巻き込まれることがあります。そういう時にどう対処したらよいかという点についても、やはりプロの人から今のうちにアドバイスを受けておくと、いざという時に「あっ、助かった」、「慌てずにすんだ」ということもあろうかと思うのです。

　このように2つの観点から学生の皆さんに聞いてもらいたいと考え、今

日は畠山さんにお越しいただきました。1時間ほどお付き合いいただければと思います。それでは畠山さん、よろしくお願いします。

ご挨拶

　弁護士の畠山と申します。よろしくお願い致します。今日は気楽に聞いていただいて、ひとつでも「へー、そうなんだ。」と思っていただけるところがあればいいなと思っております。では、座って失礼致します。

　主にレジュメの空欄の箇所についてですが、今日は、時々わたしから指名して質問に答えていただこうと思っていますのでよろしくお願いします。でも、難しいことを聞くわけではありませんので、気楽に答えてください。

自己紹介

　では、レジュメに沿ってお話をしていきます。最初にわたしの経歴ですけれども、1981年に北海道の札幌で生まれまして、その後、苫小牧というところで高校卒業まで生活をしました。駒大苫小牧という駒澤大学の系列の高校がございまして、ニューヨーク・ヤンキースの田中将大選手などが出て甲子園で優勝したことがありますので、ご存知の方もいるかと思います。苫小牧には駒澤の大学もありまして、駒澤には小さい頃から親しみがありました。

　大学は早稲田を出て、その後、駒澤の法科大学院に入ります。2004年

に法科大学院ができて、わたしはその1期生でした。法科大学院を修了した後に受験した1回目の司法試験は惨敗だったのですが、2回目の試験で何とか合格することができ、その後1年間の司法修習を経て弁護士になりました。今年の12月で丸7年のキャリアということになります。先ほど田丸先生からもお話がありましたように、法科大学院の一般教養の講義で行政学を受講していたことをきっかけに、お付き合いをさせて頂いております。

　2012年からは法科大学院のほうで非常勤講師もさせていただいており、駒澤大学へは今も度々来ています。この講義も7回目だと思うのですが、毎年呼んでいただいており、学生の皆さんの反応や感想をいつも楽しみにお話をさせていただいております。

　皆さんの多くは、一生涯、弁護士と関わる機会がないということになるかと思いますが、自分では揉めごとを起こさなくても向こうから揉めごとがやってきて、弁護士に相談をせざるを得ないこととなったり、あるいはひとりでも対処はできるけれども、弁護士に相談をしたほうがより良い結果が得られるというケースに遭遇することも出てくるかと思います。

　弁護士に相談するのはどうしても敷居が高いとか、そもそも弁護士はどういう感じの人たちなのだろうと不安を持たれている方もいらっしゃるかと思います。もちろん弁護士それぞれ、人それぞれというところはあるのですが、今日は、私の話を聞いていただいて、少しでも弁護士のことを身近に感じていただければと思っています。

　また、最後の方で、皆さんに是非知っておいていただきたいことや駒澤の先輩として、また、弁護士として、お伝えしたいこともお話しさせてい

ただく予定なのですが、それも「へー、そうなんだ。」と思って帰っていただければ、わたしとしては大満足です。

弁護士を志望した理由－弱者救済

　わたしが弁護士になろうと思った理由ですが、端的に言うと、弱者を救済したい、弱い立場にある方を助ける仕事がしたいということが根本にあります。本当に法律による助けが必要な人というのは、法律による助けを求めようとすることすら思いつかないことがあるのです。

　自分には最先端の分野の仕事や社会の耳目を集めるような仕事はできないかもしれないけれども、普通の人に普通の言葉で分かりやすく法律を伝える仕事ならできるのではないかという思いから、弁護士を目指すようになりました。このこと自体は、もう小学生ぐらいの頃から何となく意識していたように思います。

　ではさっそく質問です。例えば、お金がなくて生活が苦しい状況に陥り、もうどうにも仕事が見つからない、あるいは病気をしている等いろいろな事情があって働けない、でも子どもを抱えていてどうにかして生活をしていかなければならないという状況になった場合、皆さんならどうしますか？

学生Ａ：助けを求めます。

畠山：誰に？

学生A：役所か何かにです。

畠山：何か制度として聞いたことのあるものはありますか？

学生A：生活保護などです。

畠山：そうですよね。たしかに皆さんであれば、そのように思いつくかもしれませんが、現実には思いつかない方も、世の中には沢山いらっしゃるのです。役所に行って生活保護を申請すれば受けられるのに、それを思いつかないという方が現代の日本でも現実に少なからずいるのです。

　なんとか弁護士のところに相談に行くところまで辿り着いてくれれば、「こういう制度がありますよ」と紹介して、生活保護を受けるための手助けをしたり、役所の担当の方に引き継ぎをしたりできます。

　しかし、法律や行政の制度を活用して助けてもらったほうが良いのに、助けてもらうことを思いつかない、あるいはそもそもそういった制度を知らない人がいるので、そういった人たちにも分かりやすく、できるだけ普通の言葉で「法律的にはこうですよ」とか、「こういう制度がありますよ」と伝えられれば良いと、弁護士になる前も思っていましたし、今もそう思って仕事をしています。

弁護士の役割－弁護士法より

　次に、法律の条文の観点から弁護士の仕事を少しだけ紹介させていただ

きます。

　弁護士の役割というのは弁護士法に定められています。第1条第1項には「弁護士は〇〇を擁護し、〇〇を実現することを使命とする」と定められています。1つ目の〇〇には「基本的人権」、2つ目の〇〇には「社会正義」が入ります。中学校の公民などで学習したかと思いますが、憲法に規定されている重要な要素である基本的人権を守ることと、それをもって社会正義が実現されるようにすることが弁護士の役割であると法律で定められています。

　次に、第3条第1項で職務がいろいろ規定されていますけれども、最後に「その他一般の法律事務を行うことを職務とする」とあります。いろいろなことがその条文には例示されていますけども、要するに法律事務一般を扱うのが弁護士の仕事だと規定されているわけですが、これはわりと皆さんのイメージに近いかと思います。

　おまけで、第3条第2項には「弁護士は弁理士と税理士の仕事もすることができる」と定められています。これは一般的にはあまり知られていないでしょうから、「へー、そうなんだ」と思って聞いておいていただければと思います。弁理士というのは特許申請の代理業務などを行う人のことなのですけども、そういった仕事もできるのだということを豆知識として知っておいていただければと思います。これが法律に定められた弁護士の仕事ということになります。

刑事事件と民事事件の違い（ごく簡単に）

　次に、わたし畠山の仕事の中身について具体的にお話していきたいと思います。わたしは刑事事件を比較的多く扱う弁護士ですけれども、それでも民事事件から得られる収入のほうが多いです。他の一般的な弁護士もそうであると思います。

　労働時間の観点からしても、全体として見れば、民事事件に割く時間のほうが多いです。ただ、刑事事件というのは一定期間に集中してその仕事に当たらなければならないことが多い性質の仕事であるということができます。

　レジュメの2ページに記載していますが、刑事事件では、被疑者・被告人の弁護をすることが仕事の内容ということになります。被疑者が不起訴になるように、つまり刑事裁判にかけられないようにしたり、被告人の刑をできる限り軽く、または無罪にできるように活動する仕事が刑事事件に関する仕事ということになります。

　民事事件というのは、刑事事件以外のお金や財産に関する事件や、夫婦関係、親子関係などの身分関係に関する事件ということになります。このうち、離婚、養子、相続関係に関する事件などは、特に家事事件と呼ぶこともあります。別にこのようなものは覚えなくてもいいのですが、一応こういった分類ができるということだけご説明させていただきました。

刑事事件…弁護人、「捜査」弁護と「公判」弁護

　もう少し具体的な話をしていきたいと思います。はじめに、刑事事件の

ときに弁護士はどんな仕事をしているのかという点について、お話していきたいと思います。

　弁護士が民事事件において活動するときには「代理人」、つまり誰かの代わりという立場で仕事をします。他方、刑事事件のときは「弁護人」という立場で活動します。

　テレビドラマなどでは、刑事裁判の様子がメインに描かれているものもありますが、この刑事裁判のことを「公判」ともいいまして、刑事裁判のときの弁護活動のことを「公判」弁護といいます。また、簡単に言うと、犯人が逮捕されてから裁判となることが決まるまでの間の弁護活動のことを「捜査」弁護といいます。もちろん、裁判をするわけですから公判弁護も責任の重い活動ではあるのですが、裁判に至る前の段階である捜査弁護も大変な仕事となることが多いです。

　特に被疑者が「自分はやっていない」という場合は大変な仕事となることが多いです。被疑者が「わたしはやっていません」と主張することを「否認する」というのですが、否認事件の場合、裁判以降の弁護活動（公判弁護）よりも裁判になる前の捜査弁護のほうが、集中的にまた迅速に活動しなければならないことが多くなります。

「捜査」弁護では弁護士はまず何をするか？

　何となく公判弁護のほうが大変なのではないかと想像される方もいらっしゃる方もいるかと思いますが、「捜査」弁護はどういった点が大変なのでしょうか？

理由の1つ目は、これは否認をしていることが前提ですが、逮捕された人が「いや、わたしはやっていないんです」と警察での取調べの時に言ったら、警察の人はどうすると思いますか？　誇張されているとはいえ、ドラマでもこういうシーンはよく見かけます。

学生B：警察は、なるべく「やった」というふうにしたいのですよね。

畠山：警察官の立場からすると、そうしたいですよね。そのためにどうすると思いますか？　現実社会でどうなっていると思いますか？
　先に言っておきますが、かつ丼は絶対に出てきません。テレビドラマではかつ丼を食べて「俺、やったよ、刑事さん。」みたいな話になるときがありますが、そういうことはやってはいけないことになっています。犯人に利益を供与して供述を引き出しても、そのような供述は利益につられて話したもので、自らの意思に従って話をしたものではないとして、あとから証拠として認められなくなることがあるからです。
　できるだけ「やった」と警察の人は言わせようとするので、そのためにどうしていると思いますか？　ドラマではどういう展開になりますか？　逮捕をしたけれども、犯人は「俺はやっていないよ」と言っています。そうしたら警察の人はどうすると思いますか？
　ありがちな事案です。電気スタンドを顔に押し付けられたというところまでは聞いたことがありませんが、怒鳴るぐらいのことは普通におきています。もちろん、これはやってはいけないこととされています。しかし、「嘘言っているんじゃないよ。分かっているんだよ、こっちは」というよ

うなことを大きな声で言うということは、正直なところ、日常茶飯事と言ってもいいくらいに起きています。

このように、否認をしているときには取調べは非常に厳しいものになります。毎日、取調べが行われることもあります。1日に8時間の取調べが行われることもあります。

そういう状況のなかで、「だけど、わたしはやっていない」という場合に、弁護士がまず行うことですが、まず毎日会いに行くようにします。捜査弁護が、弁護士にとって大変な理由の1つ目ですね。レジュメの2ページに「その理由は」と書いていますが、1つ目の理由として、毎日会いに行って、さまざまなアドバイスをしてあげる必要があるという点を挙げることができます。「頑張ろう」と励ましてあげる必要があるのです。辛い取調べを毎日何時間も受けているわけですから、毎日会いに行って「いや、駄目だよ。それでもやっていないんだから、やったと言っちゃ駄目だよ」と励ましてあげる必要があります。

繰り返しですが、そういう事件になったら、わたしは被疑者に毎日会いに行きます。毎日会いに行って毎日さまざまなアドバイスをしてあげる必要があります。例えば、「あなたがした行為は、こういう理由で犯罪には当たらないから自信を持ってください」ですとか、「供述調書に署名押印をしてしまうと、その内容はあなたが話をしたものということになり、後から撤回することは非常に難しくなりますので、署名押印をする前にはよく確認をしてください」ですとか、「そもそも、供述調書にサインをしなかったとしても、あなたには何の不利益もありませんので、警察官の作成した文章の内容があなたの意に沿わないものであったらサインをしない

でください」などのアドバイスをすることになります。

　また、先ほどのように違法な取調べが行われている場合には、検察官や警察官に対して苦情の申し入れをするということもします。さらに言えば、やっていないということであれば、無罪の証拠を探す場合もあります。こういった理由で、否認をしている場合には特に捜査弁護が大変かつ重要な仕事になります。

「被疑者」と「被告人」

　ちなみに今ここまでの間に「被疑者、被疑者」と、わたしは言っているのですが、これに似た言葉を聞いたことはないですか？

学生C：被害者。

畠山：そうですね。被害者は被害にあった方、被疑者はその被害を生じさせてしまった疑いのある人ということになりますね。

学生C：被告人ですか？

畠山：たしかに被告人という用語もお話ししましたね。ちなみに、被疑者と被告人の違いは分かりますか？　少し難しい質問になってしまいますが…。

学生C：裁判になったら被告人です。

畠山：そのとおりです。少し細かい説明になってしまいますが、検察官が、被疑者を裁判にかけるという決定をすることを「起訴する」といいます。刑事訴訟法を学んでいる人は分かるかもしれませんが、検察官が起訴すると裁判が行われることになります。

　分かりやすく言うと、罪を犯したのではないかと思われる人、つまり、一般に「犯人」といわれる人がいるとして、この人は、刑事訴訟法の世界では、起訴される前は「被疑者」と呼ばれ、起訴された後は「被告人」と呼ばれることになります。これも豆知識として知っておいてもいいかもしれません。

　この「被疑者」という言葉に似た言葉を聞いたことはないでしょうか？どうでしょう？テレビや新聞は見ませんか？「被疑者」とは、テレビでも新聞でもほとんど言っていないと思うのです。その代わりに、テレビや新聞では何と呼んでいるかという質問なのですが…。

学生D：容疑者ですか？

畠山：正解です。テレビや新聞では「容疑者」と言っているのですが、それは刑事訴訟法で規定されている用語ではないのです。「被疑者」というのが正解なのです。「新聞ではどうして『容疑者』という用語を使うの？」と以前知り合いの新聞記者に聞いてみたことがあるのですが、「昔からそうだから」といった回答で、なぜ、容疑者という言葉を使うのかについて

は、明確な回答は得られませんでした。

　もう1つ、ついでの質問ですが、この「被告人」という言葉ですが、テレビで「被告人」という言葉を使っていますか？　テレビ・新聞・ニュースを思い浮かべた時に、悪いことをして捕まった人のことを「何とか被告人」と呼んでいますか？

学生D：呼んでいません。

畠山：何と呼んでいますか？　似た言葉ではあるのですが。

学生D：被告です。

畠山：そうです。刑事裁判で捕まって起訴された人のことを新聞やテレビでは、99パーセント「〇〇被告」と言っていると思います。家に帰ったら、これはチェックしてみてください。ただ、これも正確ではなくて、刑事裁判で起訴された人のことは「被告人」と言うのが正しいのです。

民事事件では「原告」と「被告」

　では、「被告」という言葉はないのかというと、そういうことではないのです。これも中学校の公民や高校の政治経済などで勉強したかと思いますが、民事裁判で訴えを起こされた人のことを「被告」というのです。ちなみに、訴えを起こした人のことは「原告」といいます。

ですから、民事裁判であれば「被告」という人はいるのですが、刑事裁判のときには「被告」という人はいないのです。どこかで豆知識を披露しなければならない時があったら、その時にでも言ってみて下さい。それぐらいでしか使えませんが…（笑）。

刑事事件では被疑者の弁護人はどんな仕事をするのか？

　さあ、それでは被疑者の弁護人となったら、我々弁護士はどういった活動をするのかという話に進んでいきたいと思います。ここで少し具体的な例を挙げます。わたしが担当することになった事件の被疑者が、仮にこういうことをしたという例です。レジュメ２ページの下のほう、四角で囲っているところです。

　「被疑者は、平成21年10月23日午後10時15分ころ、東京都世田谷区駒沢1-2-3所在中日本旅客鉄道株式会社駒沢駅高架下駐車場内において、木村義男（当時48歳）が占有管理していたオートバイ１台（時価約２万円相当）を窃取したものである。」という事件です。

　ある駅の高架下に駐輪場・駐車場があって、そこに停めてあったオートバイが盗まれたという事件です。この事件を担当してくださいということで、事件の概要がファックスでわたしのところに送られてきます。このファックスを見て、わたしはそこから何をするでしょうか？　思いつくことをどんどん言ってみて下さい。ファックスが来て、わたしは今事務所で自分のデスクの前に座っています。このあと、弁護人としてどのようなことをするでしょうか？

学生E：被疑者に会いに行きます。

畠山：正解。それがもう、いの1番ですね。レジュメ2ページの一番下の空欄に、どんどん書き込んで下さい。わたしがやることです。

学生F：その盗まれた木村さんに電話をして、その時の様子がどういうふうだったかを聞く。

畠山：なるほど。後でもっと詳しく言いますけれども、木村さんとコンタクトを取るという点で、これも正解です。
　さあ、どうでしょう？　あとは何をするでしょう？　まだファックスを見ただけで、詳しいことは何も分からないのですが。

学生G：その現場に行きます。

畠山：行きます、はい。現場を見に行く、それもしたいですね。

被疑者が「盗みました」と言った場合－謝罪、被害回復、示談

　では、ここでちょっと条件を付け足して、会いに行ってみたら、被疑者が「ごめんなさい。盗んでしまいました」と言ったとしましょう。これを前提とすると、弁護人としては、どのようなことをすると思いますか？
　実際に盗んでしまったという事実を前提とすると、弁護人としては、こ

の被疑者の刑ができるだけ軽くなるように、あるいは、今回に限っては刑事処分をしないという判断を検察官にしてもらえるように活動することとなります。わたしの仕事はそういう仕事ですので、そのために何をするのかということになります。

学生H：過去の同じような事件を調べます。

畠山：調べてどうしますか？

学生H：解決できるような手段を見つけます。

畠山：そうですね、それもあり得るでしょう。判例の調査などがあり得ると思います。過去の事案の調査、それもあると思います。はい、どんどん行きます、どうぞ。

学生I：木村さんから示談というか、そういうのを引き出します。

畠山：そうですね。「示談」という言葉が出てきましたけれども、示談ができれば1番良いですね。示談というのは、簡単に言うと、被害者の方に許してもらうことなのですが、その許してもらうための前提として、つまり、被害者の方に「分かりました、今回は許してあげます」と言っていただけるように、何をしたら良いと思いますか？

　自分が被害者の立場だったら、どういう状況になったら、被疑者を許し

てあげようと思いますか？

学生I：お金を払ってもらいます。

畠山：なるほど。示談の際に被害者の方にお支払いするお金を示談金というのですが、示談金を支払う。正解です。もちろんその準備もします。例えば、被疑者の家族にいったんお金を立て替えてもらって準備をするということなどが考えられるでしょう。示談金の準備をするというのは、あり得ます。

　さあ、皆さん、許してもらうためにすべきこと、自分が被害者だったら、いったい何をしてくれたら許す気になりますか？
　示談金を用意して、わたしが示談金を持っていって、ただ、お支払いをしようとしても、それだけではたぶん許してくれないと思うのです。難しい話は抜きにして、このような状況を作ってしまった被疑者が、まず最初にしなければならないことがあるはずです。

学生J：謝罪です。

畠山：はい、そうですね。ただ、被疑者は捕まっていますから、被害者（木村さん）に会いに行くことはできません。
　では、被疑者の謝罪の気持ちは、どうやって伝えたら良いと思いますか？

学生J：手紙でしょうか？

畠山：はい、そうですね、手紙です。被疑者には謝罪文を書いてもらいます。そのためにわたしは初めて被疑者に会いに行くときに、便箋を持っていって差し入れをすることが多いです。

　謝罪の気持ちがあっても手紙を書いたことがあまりなくて、どうやって謝罪文を書いたらよいのか見当もつかない人もいますので、そのような場合には、弁護士が被疑者と話し合いながら被疑者の気持ちを聞き出して、「では、例えばこういうふうに書いてみたらどうですか？」とアドバイスすることもあります。

　さあ、ここまでで、手紙を準備し、被害弁償のためのお金を準備したということになりますが、お金の代わりに準備できる物もあると思うので、わたしはそれがないか被疑者に確認すると思います。被害者の方にお渡しすべきもので、お金ではないもの、さあ、何がないかを確認するでしょうか？

学生K：それは代わりの物ですか？

畠山：示談金の代わりとなる物です。正解を聞いたら、おそらく「それはそうだよな」と思えるものですので、想像してみて下さい。ひょっとしたら、被害者としては、お金よりもそっちのほうが良いと言うかもしれません。

学生K：オートバイ。

畠山：そうですね、オートバイがどこにあるのかを聞きます。被疑者に「オートバイはどこにあるの？」と聞いて、「○○にあります」ということであるなら、被害者としてはそれを返してもらったほうが良いでしょうから、オートバイを返すことができるように努めます。このように、被害品をお返しするか、あるいは、示談金をお支払いするかして、被害弁償ができないかを検討します。したがって被害品の状況も確認すると思います。

　この事件ですと、被疑者の刑をできる限り軽くするため、あるいは、今回に限っては刑事処分をしないでもらうためには、やはり被害者に許してもらうというのがもっとも効果が大きいですので、弁護人としては、なんとか示談ができるように全力を尽くすということになります。

　ここまでをまとめますと、現場を見に行く、被疑者に会いに行く、そして被疑者がもし「やってしまいました」と言ったら、被害者の人に許してもらい示談ができるように先ほどお話ししたようなことをするということになります。

被疑者が「やっていない」と言った場合
…アリバイ探し、聞き取り、現地調査

畠山：では、もしも被疑者が「やっていない」と言った場合はどうしましょう？　先ほども言いましたが、否認しているときには、本人に会いに行って、法的なアドバイスをしたり、励ましに行くということを話しました

が、他には何をすると思いますか？

学生L：無罪の証拠を探します。

畠山：では、この事件・ストーリーの中で、無罪の証拠を探すとしたらどうしますか？

学生L：この人ではない人がバイクを盗んだという証拠をみつけるのですね。

畠山：そうですね。それを明らかにするために何をしますか？

学生L：被疑者のその日の予定を…。

畠山：それを片仮名4文字で言うと…。

学生L：アリバイです。

畠山：そうですね、アリバイの確認をします。アリバイの裏付けの証拠を探しに行く、それもあり得ると思います。
　もっと言うと、盗まれたのが午後10時15分ころで駅の高架下なわけですよね。どうでしょう？　警察も逆の意味で同じようなことをするでしょうから、警察の捜査活動の裏返しのようなことをすることになると思うの

ですが…。

学生L： その時にいた管理人や現場にいた人が、本当にその人を見たかどうかを確認します。

畠山： そうですね、現場にその話を聞きに行くということはあり得ると思います。

　例えば類似の事件ですが、駅の改札階のコンコース内である事件が起きて、本人が「やっていない」という事案があったのですが、駅に行って駅員さんに、「防犯カメラは付いていませんか？　それ見せて下さい。」とお願いしたことがあります。

　もっと言えば、同じ曜日の同じ時間帯に行って、「こういうことがあったのを見た人はいませんか？」と、目撃者を探すということもあり得ると思います。

　この事件ではないですが、ある男性が、女性を深夜の公園に連れ込んで意に反して性的なことをしたという事件を担当したことがありました。無理やり連れていかれたのかどうかが争点となっていたため、その事件があったとされる木曜日の深夜1時ごろに、その現場に行って、車が何台通っているか、歩行者が何人ぐらいいるか、その時間帯に開いているお店やコンビニはあるかなどを調べて、「このような状況であるのだから、女性が望んでいないのであれば、逃げることができたはずだ」といった主張をしたこともあります。

　その事案では、性的な行為を行ったこと自体は男性も認めていたのです

が、合意の上で行ったものであり、本人が嫌がっていたということはありませんという話でしたし、それ以外の事情を聞いても、男性の言い分に合理性がありましたので、そのための証拠集めということで、その時間帯に現場に行って実際に調査をしました。

ちなみにですが、わたしがもしこの事件で女性の側の代理人をするとしたら、どうして逃げることができなかったのか、その理由を警察官や検察官に伝えるための活動をすることになるかと思います。具体的には、こういった事情があって逃げられたのではないかとも思われるけれども、実際にはこういう事情があって逃げることができなかった、明確な拒否の態度を示すことができなかったというようなことを明らかにするための活動を行うことになると思います。ただ、刑事事件との関係では、警察が捜査を尽くしてくれると思いますので、このような活動は、もっぱら民事裁判で損害賠償請求をする場合にすることになると思います。

刑事事件では、外で仕事をすることも多い

刑事事件では、以上のようなことを弁護士が弁護人という立場で行っています。ここで1つ「へー、そうなんだ」と知っていただきたいのは、ここまでお話しした仕事のうち、わたしはいったい何割くらいの時間を事務所の机の前で過ごしていたでしょうか。

ほとんど事務所にいないですよね。弁護士というと、皆さん、おそらく事務所で文書を作ったり、本を読んでいるとか、裁判所に行って裁判をしているといったイメージが強いかと思うのですが、意外と外に出かけて仕

事をしていることも多いのだということを知っていただければと思います。

福祉事務所に同行することも、さらには...

　次に、これも実際に担当した事件からの話なのですが、もしこの被疑者が家のない無職のホームレスの方だとしたら、さらに何をするでしょうかという話です。

　この人はお金がなく、オートバイを盗んで、それを売り飛ばしてお金にしようとしていたというシチュエーションを想像していただきたいのですが、どうでしょう？　この人はお金がないからオートバイを盗みました、そして捕まってしまいました。

　とはいえ、この人は１回目の窃盗だったので、今回に関しては裁判をせずに、釈放してあげるよということになったとします。これで弁護人としての仕事は終わりなのですが、ここで、ただ「よかったですね」と言って別れてはならないと、少なくともわたしは考えるのですが、このあと、何をすると思いますか？

　先ほども少しその関係の話が出ていたのですが…。お金がないのでオートバイを盗み、取りあえず釈放されました。「それでは、今後は、法に触れることはしないで生活をしてくださいね」と言って別れたら、この人は、今後どうしてしまう可能性があるでしょうか？

学生O：また同じことを繰り返します。

畠山：と想像しますよね。お金がなくて今回のことをしてしまったのに、その問題を解消しないままに別れてしまったら、また同じようなことをしてしまう可能性は高いと思います。そうならないようにするために、どうしたらよいでしょうか？　それを解決するための方法です。

学生O：何でしょうか、分かりません。

畠山：講義の最初のほうにお話をしたのですが、今後、なんとか生活をしていくために、ある制度を利用したらよいのではないかと思うのですが…。どうでしょう？

学生O：お金をあげます。

畠山：でも、わたしがずっと生活費をあげ続けることもできませんので…。

学生O：生活保護です。

畠山：そうですね。もちろん受給できる条件が整っているかどうかという点は検討しなければなりませんけれども…。

　実際にわたしが担当した事件で、無職のホームレスの方が無事釈放されることになったという事件があったのですが、「刑事事件が終わったので、わたしの職務はここでおしまいです。それでは、今後は警察のお世話になるようなことをしてはダメですよ。」といって別れてしまっては、何の問

題の解決にもならないと考えました。

　そこで、一緒に福祉事務所に行って生活保護の手続をしようと考え、検察官に「平日の午前中に釈放して下さい。そうでなければ役所に行けません。」とお願いをしました。検察官には、「役所に行って、取りあえず数日間生活できるだけのお金を貰わないと困ります。平日の午前中に釈放していただければ、わたしがその日の午後には一緒に福祉事務所に行って生活保護の手続をとりますので。」とお願いしたのですが、残念なことに、検察官は金曜日の夕方に被疑者を釈放してしまったのです。

　金曜日の夕方に釈放されたので、もうその日は福祉事務所には行けません。しかも、この時は確か、土・日・月が３連休となっていたときだったのです。本人はもちろんお金を持っていません。土・日・月が３連休ですので、役所に行けるのは最も早くて火曜日です。

　わたしも悩んで、この３連休にまた窃盗をしてしまうようなことがあれば、元も子もない、困ったと思いました。悩んだ挙句、結局「〇〇さん、取りあえずこのお金をお渡しするので、３日間をしのいで下さい」と言って、数千円ですが、自腹を切ってお金をお渡したことがありました。幸いにも、この件では、この方は、無事に火曜日まで過ごしてくださり、その日の午前中に生活保護の手続に一緒に行くことができました。

　この話はさらに後日談があって、わたしはそのお金はもう返してもらわなくてよいと思っていたのですが、後日、福祉事務所の方から電話があって「いや、先生、このお金は先生が出すべきものではなくて、行政が負担すべきお金ですよ」という話をしてくれて、役所の人が現金書留でその分のお金を送ってくれました。福祉事務所で生活保護を担当する公務員の人

たちをケースワーカーというのですけれども、そこまでしてくれる担当の方はなかなかいません。わたしから言われているわけではないので、そのまま放っておくこともできたでしょうに、わざわざそのような対応を取ってくれました。そういった対応をしてくださる方が担当になってくれたおかげもあって、無事その方は生活保護を受けることができました。

さらに言いますと、住むところも一緒に探してあげないといけませんので、釈放後にそういったあたりの手続までお手伝いをしたこともあります。

以上が刑事事件の関係で、わたしが実際にこういう仕事をしているのだという話になります。

若干の質疑応答（１）

ここまでで質問等、何かありますか？ 聞いてみたいこと、全然関係なくても良いですし、刑事事件のことでなくても構いません。

学生Ａ：弁護士の方がホームレスの方にお金を渡すと言ったのですが、それは何か法的に触れたりすることはないのですか？

畠山：お金を「貸す」というのは、原則としては駄目ですね。

学生Ａ：あげるのは良いのですか？

畠山：本当はあげるというのも避けたほうがいいと思いますが、禁止され

ているわけではありません。

学生Ａ：どうして貸すのは駄目なのですか？

畠山：お金を貸すのも借りるのも、原則としては駄目なのです。なぜかというと、たとえば、お金を被疑者から借りたら、その人が違法なことをしたときに、わたしがそういうことはだめですよと言いづらくなりませんか？

　また、逆にお金を貸すと、依頼者の人もそれによって、わたしに対してものが言いにくくなってしまう可能性がありますよね。本来であれば気兼ねせずに言えたことが、言えなくなるということです。あとはお金の貸し借りをすれば、貸したものが返ってこないなどのトラブルが起きる元になってしまうこともありますので、もちろん、例外はあるのですが、基本的には貸し借りは駄目です。

　ですからその時の選択は、３日間お金のない人を放置してその人が何とか耐えしのぐことに賭けるか、あるいはお金をあげるかしかなかったということです。ただ、この件では、厳密なことを言えば、担当している事件自体は終了していましたので、ご本人から返してもらっても問題はなかったのかもしれませんが、数千円のことで問題が発生するリスクを負うというのもどうかと思いますので、わたしとしては、お金をお渡しするという対応をとることにしたわけです。

　そのほか、ここまでで質問はどうでしょうか？　どうぞ。

学生B：先ほどの被疑者が仮に無職のホームレスで健康だとしたら、生活保護ではなくて職を探すとか、そういうことはしないのですか？

畠山：それもあり得ます。実際にそういうこともあります。では、仕事はどうやって探しますか？　探す方法です。

学生B：ハローワークですか。

畠山：そうですね。これも最初の話に繋がるのですけれども、ハローワークに行くということが分からない人や、手続を取りに行くことを敬遠し続けているという人も世の中には実際にいます。

　ですので、こういうところがありますよと教えてあげないと駄目なケースもあるし、ハローワークのこと自体は分かっていても、具体的にどうしたら良いかが分からない、手続が面倒だから行きたくないという人も沢山いるわけです。

　いろいろな事件であることなのですが、役所に行ってどういう書類を書いたら良いか分からない、そういうのは面倒くさいのでしたくないという人が意外に多くいます。例えば小さい頃から勉強が十分にできる環境ではなくて字を書くのも苦手だし、何か小難しい説明を受けるのもいやだから、手続を取りに行かないという人がいるわけです。

　そういう場合には、一緒についていって手続をしないと、いつまで経っても状況を変えることができず、本来受けられる利益を受けられないということになってしまいますので、ハローワークに同行して、仕事探しのサ

ポートをするということは、ご指摘のとおりあり得ます。仕事探し、家探し、これはありますね。

民事事件…マチ弁の仕事とは？

　では次に、レジュメ3ページの6番です。先ほどお伝えしたように、弁護士の仕事は大きく分けて民事事件と刑事事件があるのですけれども、仕事の数、時間としては民事事件のほうが多いですし、長いということになります。

　わたしは何か一定の分野に特化して仕事をしているわけではなくて、町の中にある「○○内科」「○○小児科」といった病院のように、町医者的な弁護士です。そういう弁護士のことを一般的に略して「マチ弁」というのですが、わたしはそのマチ弁のひとりですので、いろいろな事件を担当しています。

　レジュメの3ページに、わたしの担当したことのある民事事件の種類をいくつか書いているのですが、要はいろいろな分野・種類の事件を担当しているということを分かっていただければと思います。下のほうに書いてあるのは、わりと最近担当した事件です。

　例えば、これは消費者センターなどにも最近たくさん相談が来ているのですが、本来、お医者さんでないと施術をしてはいけないのに、エステのようなところで、無資格の店員から美容的な施術を受けて怪我をしてしまったという事件や、あるいは、同一の趣味を持った人たちのサークルのような団体の会費を横領してしまったというような事件を担当しています。

他には、離婚後の養育費の請求といった事件も扱っています。

また、最近、相次いで依頼を受けているのですが、大学生ぐらいの年齢の人たちの男女関係の問題も増えてきている印象があります。

皆さんは大丈夫でしょうか？ どんなに相手のことが嫌になってお別れをすることになったとしても、相手に対して誠意を持って話し合いをすることが重要だと思います。メールやSNSも便利ではありますが、どうしても真意が伝わらないことがありますので、重要な局面では、直接会って、相手の目を見て、しっかりと話をすることによって、無用なトラブルを回避することができるように思います。お付き合いしていたふたりなのに、コミュニケーション不足が原因で、大きな問題が生じてしまっている若い男女が増えているように思います。

民事事件の仕事もデスクワークばかりではない

では次に、民事事件でもデスクワークばかりではないのだということの例を挙げさせていただきます。レジュメ3ページの6の下の方※印のところで「合羽を着て家の基礎の下に潜る」と書いてありますが、これは家が傾いているのではないかという建築関係の事件であったことです。

家が傾いてしまっているという事件で、どうして傾いてしまったのかを知るために、家をジャッキアップして、その隙間から家の下に潜り込んだのです。車がパンクしたときに修理する際、車体をもち上げるように、家というのはコンクリートの基礎の上に建っていますけれども、そこの間にジャッキアップをするための機械を入れて家を持ち上げて隙間を作りま

す。その隙間に、合羽を着て潜っていって、「ここがこうなっているから傾いているんですね」という確認をしたことがあります。

　次に、土地を売買するにあたって、どこが隣の土地との境目なのか分からないという事件がありました。この時に探したのは、境界石というものです。皆さん、土地と土地の境目にグレーの四角い石のような物が埋め込んであるのを見たことはありませんか？　その境界石が土地と土地の境目の基準になっているのですが、木が生い茂った山の中に入って行って境界石を探したこともあります。

　それから、裁判所から裁判関係の書類を送った時に、その書類が届かないということがあるのですけれども、そういうことがあると、書いてある住所の家に実際に行って、「すみません、101号室に住んでいるのは○○さんですか？」と管理人さんに聞いたり、ノックをして実際にそこに事件の相手方が住んでいるか、確認しに行くということもあります。その確認のためだけに仙台まで行ったこともあります。もちろん、事務所の事務員さんにお願いをしたり、こういった調査を行ってくれる調査会社もありますので、いつもわたしが行っているわけではないのですが、弁護士が行って確認をした方がよいと思われるケースでは、多少遠くてもわたしが行くことがあります。

　これも最近ですけれども、依頼者の方が体調を崩して入院されるということがありました。けれども裁判の期日は変更できませんので、それまでに相談や打ち合わせをしなければなりません。わたしはお見舞いの意味も

含めて、病院に打ち合わせに行きました。そうしないと事件が進まなくなってしまって、結局その方に不利益が生じてしまうので、病院が多少遠かろうと、それはそこまで行って打ち合わせをすべきだと判断をしました。

　レジュメ3ページの※印の4つはすべて民事事件関係のことですけれども、民事事件であってもやはり外に出かけていって仕事をすることは非常に多いです。

　このように刑事事件でも民事事件でも、もちろんデスクワークをしたり、裁判所に行って法廷に立ったりもするのですが、弁護士の仕事は意外に事務所外でのものも多くあります。

弁護士の仕事の責任の重さ・大変さ①
　　　　　　…依頼者の「代理」で仕事をしている

　では次に、仕事をしていく中で、わたしが弁護士の仕事は責任が重い、大変だと思うことについてお話をします。レジュメ3ページの下のほうの7番です。

　まず、第1に、依頼者の代理で仕事をしているから大変だなと思います。

　これはどういうことかといいますと、わたしが仕事を失敗したときに、わたしに失敗の影響が生じるのであれば、それは別に構わないのですが、依頼者の方の代わりで仕事をしているわけですから、わたしが失敗をしてしまうと、そのマイナスの結果は本人である依頼者のところに行ってしまうことになります。そういう意味で、非常に責任が重い仕事であると感じています。わたしは代理人でしかないために、わたし自身でミスの責任を

負うことができないわけです。

弁護士の仕事の責任の重さ・大変さ②
…依頼者の「社会的生命」を預かっている

　もう1つは、依頼者の社会的生命を預かっているという点です。これはどういうことかと言いますと、お医者さんが仕事を失敗してしまうと、最終的には生物学的な生命、いわゆる心臓が止まってしまう、亡くなられてしまうということがあります。

　弁護士の場合は、依頼者の生物学的な生命を奪ってしまうということは、まずありません。しかし、例えば、その人のお金が失われてしまう結果を招いてしまうであるとか、名誉、地位、職業などが失われてしまうような結果を招いてしまうことはあり得ます。このような状況になると、その方が社会で生きづらくなってしまったり、ある意味、社会から抹殺されてしまうようなことになります。そういった意味で、弁護士は、社会で生きていくための依頼者の生命、「社会的な」生命を預かっていて、それを守るという重い責任を負っていますので、非常に大変な仕事であると思っています。

弁護士の仕事の責任の重さ・大変さ③
…実社会の出来事はドラマチックすぎる

　もう1つ大変なのは、具体的なことは守秘義務があるのでお話しできな

いのですけれども、実社会で起きている出来事は本当にドラマ以上にドラマチックであるという点です。もしそれがドラマの中での出来事であったら、視聴者からは、「いや、それはドラマだからだろう」「実社会ではあり得ないよ」と言われてしまうようなことが、実社会では現実に起きています。

実際にはこれをドラマでやったら成立しない、「そんなことがあるわけがないだろう」というようなことに対して、臨機応変に対応をしたり、そのような事実を受けとめて仕事をしていかなければならないため、非常に大変な仕事であるなと感じています。

弁護士になって嬉しく感じたこと

続けていきましょう。レジュメ 4 ページですが、今度は、わたしが弁護士になって嬉しく感じたことについてお話をします。

8 の（1）のお話は、私の依頼者ではなく、事件の相手方から言われたことです。事件の相手方から「今度何かあったら、次はわたしの代理人になって下さい。」と言われたことがあります。この方は事件の相手方であって、それまでは、敵味方の関係にあった人なのですけれども、敵としてではありますが、誠意をもって対応した結果、そのことを評価してくれたのだと思いうれしく感じました。

もちろん、わたしはわたしの依頼者のために活動して、依頼者の利益を最大化しようとしているわけですが、そうだとしても、弁護士として相手方に対して誠意をもって対応するということはできると考えています。そ

のことを評価してもらえたのではないかと思い、嬉しく思いました。

　２つ目ですが、(2)は、遺言書を作った時のことです。正直なところ、財産をどのように処分するかということだけを聞けば、遺言書を作ることは可能です。しかし、その遺言書を作っている時に、依頼者の方がどうもスッキリしないような表情をされていたので、「財産をどうするのかということだけでなくて、何か言いたいことやお気持ちがあれば、全部話してもらって良いですよ。時間はいくらかかっても良いですから。」とお話をしました。

　なぜそういう遺言書を作ることにしたのかという経緯も含めて、それまでのその家の歴史的なことやその人の思いというのがやはりあるわけで、「家族の中でこういうことがあって…」とか、「わたしの思いはこうだから、このような遺言にしたくて…」ということをたくさんお話しいただきました。

　そういった遺言書の作成そのものとは関係のないことを含め、いろいろなことをお話ししていただいたことで、依頼者には「とてもスッキリしました」と言っていただくことができ、さっぱりとした表情を見せていただくことができました。非常に嬉しく感じたことを覚えています。

　わたしは、あくまで第三者であって、どんなに頑張っても当事者の方そのものになることはできません。ただ、話すだけでも楽になるということがありますので、できる限り依頼者の方のお話は丁寧に伺うようにしています。また、第三者だからこそできる話というのもありますので、そういった意味でもお話を聞くことは大切な仕事の一つだと思っています。その

思いをうまく行動につなげることができ、また、依頼者の方にも喜んでいただくことができたということで、この案件は非常に記憶に残っています。

これも後日談といいますか、その方はもう余命が短いということがその時点で分かっていたのですが、その後まもなく、亡くなられてしまいました。ですので、あの時、依頼者の方がモヤモヤしていることに気づいていながら、その部分を聞かないで遺言書を作っていたとしたら、きっと後悔していたと思います。そういった意味でベストを尽くすことができた事件であると思っています。

3つ目は、これはレジュメには具体的なことを書いていませんが、これも生活保護の話です。40歳代の女性の方が相談者だったのですが、夫からDVを受けていて公園で生活をせざるを得ない状況にある方でした。無料法律相談会には来たけれども、もうそこに来るまでの電車賃しかなくて、帰りはその公園に戻る電車賃もありませんというお話でした。

生活保護を受けられますから、一緒に手続に行きましょうというお話をしたら、「良かった。ホッとしました。やっと生きていける気がしました」とお話しされました。

その方は「これで駄目だったら、もう死のうと思っていました」というようなこともお話されていて、そういった状況の中で有効なアドバイスができ、また、実際に生活保護を受給できるようにお手伝いができて、本当によかったなと思えた事案です。相談者の方からも本当にたくさんの感謝の言葉をいただき、非常にうれしく思ったことを覚えています。

若干の質疑応答（2）

　さて、ここまでの部分で、何か質問等はありますか？

学生C：マチ弁ということでしたけれども、医者のほうは最近人数が結構増えてきているけれど、地域的には偏りがあると聞いたことがあります。では、マチ弁というのは人数的にはどのぐらいいるのですか？

畠山：まず、弁護士全体としては、法科大学院制度を含む新しい法曹養成制度となってから相当増員がされています。地方ですと、ここ10年で弁護士の数が2倍以上になっている地域もあります。マチ弁自体も増えていると思いますが、その割合についてははっきりしたところはちょっとわからないですね。

学生C：では、医療業界とは違って、弁護士の世界では何かをプロフェッショナルにする人よりは、マチ弁のほうが増えているのですか？

畠山：いいえ、プロフェッショナルとして特定分野を専門に扱っている人ももちろん増えています。町医者的な弁護士だけが特に増加の割合が多いわけではないです。

　ただ、特定の分野を専門とする弁護士が特に増えているということはありませんので、人数としては、マチ弁が最も増えているのではないかと思います。その他、いかがでしょうか？　取りあえずよろしいですか？

弁護士の仕事をとおして、皆さんにお伝えしたいこと

　ここからは弁護士の仕事そのものではないのですが、弁護士の仕事を通じてした経験や弁護士という立場から皆さんにお伝えしたいことです。レジュメ4ページの「9　最近の話題から」というところです。

　大切なことは自分で考えてから判断すること、周りの言うことを鵜呑みにしないこと、いろんな視点から考えることというテーマでお話ししたいと思います。皆さんからすると、お小言に聞こえてしまうかもしれませんけれど、大学を卒業し、社会に出てみて、わたしがこれは大学生の皆さんにぜひお伝えしておいた方がいいと思うことですので、お付き合いください。

ドラッグは絶対に駄目！

　まず、覚醒剤や脱法ドラッグ・危険ドラッグの類ですが、これはやはり駄目です。皆さんの周りに覚醒剤を使っている人はいないと思いますが、わたしは実際に覚せい剤などの薬物を使用した人の弁護をする中で、そういった人たちと接触することがあります。その経験をふまえて、やはり絶対に駄目なことだと思うのです。

　もちろん、使用する人の身体に悪影響を与える、薬物の影響で適切な判断ができなくなり第三者に危害を加えてしまう可能性があるということは皆さんもわかっていると思います。今日は、さらに具体的なエピソードを交えて、覚せい剤を使うということがどのような結果を生むのかというお話をしたいと思います。

これはわたしが実際に担当した事件の被告人に関するお話なのですが（一部事実関係を修正しています）、私が弁護を担当したその被告人は、30歳から53歳までの約280ヶ月間のうち、通常の社会にいた期間は、合計で約24ヶ月しかありません。言い方を変えると、280ヶ月つまり約23年間のうち合計2年間以外は、すべて警察署にいるか刑務所に入っていたかのどちらかだったのです。なぜかというと、この被告人は、刑務所を出たら直ぐにまた覚醒剤に手を出してしまい、そして捕まってしまうということを繰り返していたからです。本人は、もちろん刑務所に入りたくはない、今度は立ち直りたいと何度も思うのですが、覚せい剤とはそのような気持ちだけで断ち切ることができるものではないのです。
　この人は、覚醒剤をやった幻覚で他人を怪我させたり、人を死なせてしまったということはなく、自分が捕まっているだけですので、第三者に被害は与えていません。しかし、このような人生が幸せだとは本人も思っていないでしょうし、第三者からみてもそうは思えないはずです。
　今言いましたように、自分だけのことならまだしも、幻覚などで第三者に危害を加えてしまった場合には、取り返しのつかない事態になります。脱法ドラッグを摂取した人物が車を運転していて人を死なせてしまったという事件が何件か大きく報道されたことがありますが、あのような事態を招いてしまった場合には、本当に取り返しのつかない事態となります。
　仮に第三者に危害を加えてしまうことがなかったとしても、その人自体の人生がこうなってしまうわけです。先ほどの被告人のように、刑務所を出ても、またすぐに逮捕されるということを繰り返す人は決して少数派ではありません。皆さんも覚醒剤はやめられないということは聞きますでし

ょう。実際にわたしはそういう人を見ているわけですけれども、それは本当なのです。好奇心などで手を出していいような代物ではないのです。

わたしは実際に覚せい剤に手を出してしまった人とかかわりを持ったうえでそう思うのですから、これは間違いなく言うことができます。覚せい剤は絶対にダメです。自分自身も周りの人も不幸にしてしまいます。ご自身が覚せい剤を使わないということも、そういった環境に近寄らないということもそうですし、万一、周りにそういうことをやっている人がいたら、直ちに然るべき対応をとらないと駄目です。とにかく駄目です。

安保法制…実体と手続、手続の重要性

次に2番と3番は関連しているのですが、3番の安保法制の話はもうこのタイミングで今日のお話をさせていただく機会をいただいた以上は、お話せざるを得ないなと思いまして、挙げさせていただきました。ただ、難しい話はしませんので、考え方の一つとして、なるほどと思っていただければ、それで十分です。

安保法制や集団的自衛権の話は、皆さんニュースで見ていますよね。何が問題なのかというのは分かりますか？　これだけ大きなニュースになっていることからしても分かると思いますが、いろいろな問題が含まれています。ですから、ここでその問題点について全部を話すことはできません。ただ、法学部の学生である皆さんには、ここでは実体法と手続法、あるいは、実体と手続というのは別物なのだということを知っていただければと思います。なお、このことは、わたしや皆さんが安保法制に賛成だと

か反対だとか、集団的自衛権に賛成だとか反対だとかということとは全く関係ありません。

憲法は最高法規

　まず憲法という法律について少しお話をしたいと思います。憲法の講義は必修科目であろうかと思います。憲法は、ごく簡単に言いますと、国民の人権を守ることを目的に、国権（司法・立法・行政）の行動に制限をかけるための法律です。大まかに言うと、立法府たる国会も、行政府たる内閣も憲法に反しないように活動をしないと駄目ということです。

　なぜかと言うと、むかしは王様や殿様が自分の好きなように国を統治しており、ひとりで司法も立法も行政も担当していたわけです。でも、このようなシステムですと、国民が虐げられてしまう結果になることが多かった。そこで、権力を持つ人が好き勝手ができないように、それを防ぐための知恵のひとつとして、近代国家ではたいていの国は憲法を置くようになったのです。

　王様が持っていた権限を3つにわける、つまり、三権分立にしましょう、しかもその三権に携わる人たちも国民が作った憲法に基づいて権力を行使しないと駄目だ、憲法に違反することは許さないというようにしたわけです。

　もし憲法に定められたことと違うことをしたいのであれば、国民投票をして、国民から憲法を変えることについてOKをもらわないといけないとしているのが、日本の、あるいは世界の大多数の国の法の仕組なのです。

　レジュメの5ページに書いてあるのですが、中谷防衛大臣（当時）がこ

ういう発言を以前にしました。「現在の憲法をいかにこの法案に適応させていけば良いのかという議論を踏まえて閣議決定を行いました」という発言です。憲法をこの法案に合わせる、どうやって合わせたら良いかを考えましたという話をしたのですが、これは何がおかしいか分かりますか？

学生D: 憲法が最高法規でなければいけないのに、2番目になっている点が問題だと思います。

畠山: そうですよね。先ほど言いましたように、国会は法律を作ります。法律を作るときには憲法の内容に反しないように作らないと駄目なのですが、中谷防衛大臣はこの憲法と法律の関係が逆になってしまっているかのような発言をしたのです。国会議員や内閣の大臣たちは、国民が作った憲法に反しないように法律を作ったり、行政活動を行わなければならないのに、そのような大原則（国民の権利利益を守るために定められている、とても大切な原則です）を理解していないかのような発言をする人が、防衛大臣になっていたというのが今の日本の現状なのです。

適正な手続を踏むことの重要性

　次に、憲法9条についてですが、この条文から集団的自衛権の行使は認められるかどうかという点が問題になります。実際には、集団的自衛権の行使を認めるということになったのですが、憲法には「武力による威嚇または武力の行使は、国際紛争を解決する手段としては、永久にこれを放棄

する」と書いてあり、また「国の交戦権は、これを認めない」と書いてあります。憲法にそう書いてある以上、それに反する法律の制定や行政活動は行ってはいけないということになるのですが、憲法のこの条文を前提にしても、集団的自衛権を認めてもよいのかということが問題になります。

もし、この憲法9条の下では集団的自衛権の行使は認められないとして、それでもどうしても集団的自衛権を行使する必要があるのであれば、まず憲法を変えないと駄目ということになります。何度かお話ししているように、国会も内閣も憲法に反することはできないからです。

集団的自衛権が必要かどうかというのは実体の話です。それはひょっとしたら必要かもしれないし、必要ではないのかもしれません。しかし、もし集団的自衛権が必要だとしても、それが、憲法では認められていないことならば、まずは、憲法を変えるという手続を踏まなければなりません。わたしがお伝えしたいことはこの部分となります。

つまり、実体（いいかえると、内容、中身ともいえると思います）が正しいとしても、定められた手続は踏まなければならないのです。もっというと、実体が正しいとしても、手続が正しくなければ、その実体も認められなくなるということは、法の世界にも実社会にもたくさんあるので、みなさんは、ぜひ、そこを区別できる人、分別して判断できる人になってください。これに関連する例として、レジュメ5ページの下の方にcfとして3つ書きました。

例えばAさんが「Bさんからセクハラを受けました」と主張したからといって、会社は直ちにその人に懲戒処分を与えて良いかといったら、仮にセクハラという事実が存在したとしても、それだけではBさんに懲戒処分

をすることはできないというのが原則です。通常、こういう場合には、Aさんに対して、本当にそういうことをしたのか確認をし、弁明の機会を与えなければなりません。実体がアウトでも、手続をきちんと踏まないと、懲戒処分の効力が争われる可能性があります。

　また、例えば家を借りているCさんが、家賃を6ヶ月分払わないからといって、貸主さんはその貸している部屋の鍵を勝手に取り換えてしまって良いかというと、これも駄目なのです。このようなことをするためには、きちんと裁判をして裁判所からのお墨付きをもらう必要があるのです。
　これも、実体として、Cさんが家賃を支払わないという約束違反をしているわけですから、Cさんが悪いのですが、法律では、あくまで、裁判などの手続を経たうえでなければ、鍵を換えることはできないとされています。これも、実体がどうであっても、踏むべき手続は踏まなければならないということの例となります。
　ちなみに、仮に、定められた手続を経ずに、大家さんがCさんの部屋の鍵を勝手に換えるようなことをすれば、大家さんの行為が不法行為になってしまう可能性もあります。また、弁護士がこのようなことをしてもいいですよと言ったら、弁護士自身が弁護士会から懲戒処分を受けることになると思います。このように、実体はCさんのほうに非があるとしても、あくまで定められた手続は経なければなりません。

　さらに3つ目の例で、Eさんが例えば街中でテロ行為を行って10人の方を殺害したという残虐な事件があったとしても、その人を直ぐ刑務所に

入れることはできません。実体として犯罪があったことが明らかに見えるような場合であっても、きちんと刑事裁判という手続を踏んでからでなければ刑務所に入れる、刑罰を科すことはできないのです。

　いくつか例を挙げてきましたが、もう一度整理をしますと、皆さんがこれから大人になって生活していく中でいろいろなことが起きてくると思うのですが、実体は間違いなくこうだということがあったとしても、きちんと手続を踏まなければならないことがたくさんありますよということです。
　例えば、何か仕事をしていて、絶対に自分の判断が正しいとしても、上司に報告するということがルール化されているのであれば、あなたの独断によるジャッジがどんなに会社に利益をもたらそうとも、手続違反であることを理由に怒られるということはいくらでもあると思います（もちろん、仕事を行う場面では、すべて上司の判断を仰ぐのではなく、自分の考えを持つということも重要なのですが…）。
　特に皆さんは法学部を卒業しましたと言って社会に出ていくことになるわけですから、法律も社会のいろいろなこともそうですけれども、世の中の物事に関して実体と手続という区別があって、これは別物なのだということや、実体も手続も両方がきちんと条件を満たしていないと駄目なことが世の中には沢山あるということを意識していただければと思います。
　以上の話を踏まえて、もう一度だけ、憲法9条や集団的自衛権の話をしますと、集団的自衛権の行使を認めることが正しく必要なのだとしても、もし、これが今の憲法では認められないことであるならば、憲法に反する

ことはできないのですから、まずは、憲法を改正したうえで、集団的自衛権の行使を認めるというふうにしないと、それは手続違反ということになるわけです。したがって、今回の集団的自衛権の行使を認められないという人の中には、集団的自衛権の行使を認めることには賛成だけれども、今の憲法では認められない。その憲法を改正するという手続を経ていない以上、集団的自衛権の行使を認めてはいけないという考えの人がいてもおかしくないということになります。

　皆さんも、この話をきっかけに、集団的自衛権の行使を認めるべきかどうか、認めるべきだとして、今の憲法のまま認めることができるのかということを少しだけ考えてみていただければと思います。

　なお、この話は、自衛隊についてもあてはまると思います。そもそも、自衛隊が必要かどうかという問題もありますが、さきほど読み上げた憲法9条からすると、自衛隊を持つことを憲法は認めているといえるでしょうか？　もし認めていないのであれば、憲法を変えてからでなければならないのではないでしょうか。

　法学部の卒業生として社会に出るからには、一度くらい考えてみてよい問題だと思います。

勉強するのは「自分で物事を正しく判断する能力を身につけるため」

　この後は少し早足になります。レジュメ6ページの9(2)の部分です。お小言に聞こえてしまうかもしれませんが、わたしは、大学と大学院を出て、今社会のなかで働いているわけですが、今から考えると、学生時代に

勉強するのは「自分で物事を正しく判断する能力を身につけるため」だと非常に強く思いますので、この点についてお話をさせていただきます。

　ここで言う勉強は、本を読むとか講義に出るとかということだけではなくて、アルバイトをすることもそうですし、社会勉強といいますか、大学時代の自由な時間を使って、遊んだり趣味に時間を費やしたりすることも含みます。いろいろなことを見聞きし、経験して、自分で物事を正しく判断できるような力を養うために、（大学生の）今の時間を使っていただければと思います。

　具体的に言えば、例えば、自分に合う人や自分の苦手な人を知るために、いろんな人と付き合ってみるべきであると思います。また、これから社会に出ると、ひとりの大人として、たとえば、新聞を定期購読するかどうかを決めることから、家を建てたりお金を借りたりするといった大きな契約の内容まで、自分で判断をして決めなければなりません。その判断能力がないと、騙されてしまったり、損をしてしまうことにもなってしまいます。

　たとえば、この契約をすることは正しいことなのか、契約をするに際して何をチェックすべきなのか、一般的にこういうときはどういった点を確認すべきなのか、この人のこの話はちょっとおかしいのではないかといったことを感じ、判断を下していかなければならなくなるわけですが、大学時代というのは、その判断能力のベースの部分を鍛え、磨き上げるための本当に貴重な時期だと思うのです。

　アルバイトをしていれば、そのバイト先でいろいろな仕事のプレ体験ができます。アルバイトですから正社員より給料は少ないですが、その分、責任も小さいわけです。大きな責任を負わないという状況の中で、実社会

の仕事というもの、あるいはお金を稼ぐということについて体験ができ、状況によっては、それまでにしたことがないことにチャレンジできたりするわけです。このような体験が、将来、いざ自分が責任をもって判断しなければならないという時にきっと生きてくると思うのです。

　また、趣味に没頭することで、あるいは友人と遊ぶことでも、いろいろな経験ができると思います。そういった経験からも、例えば、ふざけるとしても許されるのはここが限界であるとか、遊んだあとはきちんと切り替えないとダメといったことを学ぶことができるはずです。こういった経験の種類や回数が多いほど、社会に出てからの判断能力は高いものになるのではないかと思います。

　私自身、比較的有意義に大学時代を過ごしたつもりでしたが、勉強も遊びもアルバイトも、もっともっと積極的に取り組んでもよかったなと思っています。まだそのための時間がたくさん残されている皆さんは、ぜひ遊びも勉強も積極的に取り組んで、有意義な経験をたくさんしていただければと思います。

「ポテンシャル（能力）」＋「努力」＋「運・タイミング」＝「結果」

　続きまして、レジュメ6ページの上の方、9（3）です。これも社会に出てから思うことなのですが、これから皆さんは就職活動をはじめとして、まだまだ乗り越えていかなければならない関門があると思います。

　何かに挑戦をしていった時には、必ず最後には何らかの「結果」が生じることになるわけですが、この結果に影響を与える要素として、まず、皆

さんが生まれ持った「ポテンシャル（能力）」というものがあると思います。このポテンシャルというのは、基本的に生まれ持っているものですから、自分ではどうにも変えられないものだと思います。

　他方、結果に影響を与える要素の中で、自分で変えることができるものとして、「努力」を挙げることができます。何か目標を達成したいのであれば、そしてその目標が自分のもつポテンシャルよりもハードルの高いものだと思うのであれば、より一層の努力をしなければなりません。私自身、ポテンシャルが高いという感じの人ではありませんので、自分なりに努力を積み重ねて、今日の自分を創り上げてきたつもりです。

　ですから、みなさんも、もって生まれた差異についてネガティブになるのではなく、ポテンシャルをカバーするだけの努力を是非してみていただければと思います。

　仮に自分が望む結果に至らなかったとしても、努力したことは無駄にはなりません。弁護士として、色々な立場の方、色々な状況におかれている方と関わりますが、最近改めてそのように思うことが多いです。

　ただ、他方で、自分の生まれ持ったポテンシャルに加えて、たくさんの努力をしたとしても、どれだけ積み重ねたとしても、望んだ結果が得られないということもよくあります。場合によっては、自分のほうがポテンシャルも努力の量も上だと思うのに、戦いに敗れてしまうということもあると思います。

　これは、結果というのは、ポテンシャルと努力だけではなく、「運やタイミング」によってもかなり左右されるからです。ですから、一生懸命努力をしたのに、望んだ結果が得られなかったとしても、あまり落胆しない

ほうがいいのではないかなと、今は思っています。なぜなら、運もタイミングも自分ではどうにもできないことが多く、それは、自分のせいではないからです。

　努力をしたからといって必ずしも結果が出るわけではないのも実社会なので、あることが上手くいかなかった時に、「これは運やタイミングが悪かったのだよね」と割り切ることも重要かなと思うわけです。それで次の道にまた歩んでいくことも重要だと思いますし、そちらの道に行ったほうが幸せなのではないかと思うケースもいろいろと見ていますので、このようなお話をさせていただきました。

弁護士おまけ話－年収、法律相談料、弁護士会費、労働時間など

　最後にレジュメ6ページの「10　弁護士おまけ話」です。

　まず、新人弁護士の年収はざっとどれくらいでしょうか？　昔はだいたい新人弁護士の年収は600万円ぐらいでしたが、今は弁護士が増えているせいで落ちてきていまして、480万円とか360万円という人も結構います。

　次に、弁護士に法律相談をしたときの相談料は、30分でだいたいいくらくらいだと思いますか？　さあ、どうぞ勘で構いませんので、言ってみて下さい。

学生D：1万円。

畠山：はい。

学生E：幅があると思うのですが、5,000円から1万円ぐらいですか。

畠山：はい。

学生F：2万円～3万円です。

畠山：はい。

学生G：1万円です。

畠山：はい。これは弁護士によりますが、おそらく5,000円としている弁護士が最も多く一般的だと思います。

　では次に、弁護士が毎月弁護士会に支払う弁護士会費はいくらくらいだと思いますか？弁護士は、毎月弁護士会に会費を納めなければなりません。会費を支払わないと弁護士でいることができないのです。さあ、これも勘で構いませんので、いくらぐらい払っていると思いますか？　どうぞ。

学生F：3万円。

学生G：年間ですか？

畠山：月間です。

学生G：5万円です。

学生H：2万円です。

学生I：1万円です。

畠山：経験年数や所属している弁護士会によって違いはあるのですが、私の場合は4万数千円です。つまり、弁護士というのは、仕事があってもなくても、弁護士でいるためだけに、年間50万円以上の会費を支払わなければならないということです。

　さきほど、所属する弁護士会にもよるとお話ししましたが、東京の弁護士会は4万数千円ぐらいなのですが、地方に行くともっと高いです。10

万円近く払っているところもあると思います。さらに言うと、弁護士としての登録をするためにも何十万円ものお金を支払う必要があります。

　これらのお金は、弁護士の登録管理や弁護士会の維持、弁護士会の職員さんの人件費、弁護士会として行っている公益のための活動などに使われています。

　公益のための活動の例としては、例えば、警察に逮捕されてしまった場合、国選弁護人が選任されるまでの間にも、1度無料で弁護士に相談ができるという制度、これを当番弁護士制度というのですが、この当番弁護士の日当は、弁護士会費からまかなわれています。こういった費用も弁護士会費から捻出されています。

　では次に、弁護士の1日の労働時間ですが、これはだいたい10時間ぐらいでしょうか。仕事の状況によっては、徹夜するようなこともありますけれど、平均すると10時間ぐらいかなという感じです。

傍聴するなら刑事事件

　民事事件の第1回口頭弁論にかかる時間は、多くの場合、3分程度です。刑事事件の公判手続にかかる時間は、簡単な事件なら1時間程度です。1時間程度で審理が終わり、約1週間後に判決が言い渡されます。

　なぜ民事事件の第1回の口頭弁論の時間が短いかと言いますと、民事事件というのは書類の授受だけで終わってしまうことが多いためです。簡略化していうと、「原告はその書類を出しますね？」「はい。」「被告はその書

類を出しますね？」「はい。」「では、次は何月何日までに続きの書類を出して下さい。」という形になることが多いので、直ぐに終わってしまうのです。このような流れであるため、民事事件の場合は、傍聴をしていても、事件の具体的な内容については分からないことが多いです。

　他方で、刑事事件の第1回の公判期日の場合、検察官が事件のストーリーや内容を読み上げることが一般的ですので、民事事件に比べて時間がかかるものの、聞いていて事件の内容は分かりやすいと言えます。

　何をお伝えしたいかと言うと、傍聴する時には刑事裁判がお勧めですということです。最近、趣味として裁判を傍聴する方も増えていますが、書類の授受がメインの民事事件よりは、ストーリーが読み上げられることが多い刑事事件のほうが傍聴していて分かりやすいと思います。

　なお、講義が終わりましたら、弁護士バッジや職印という弁護士の印鑑などもお見せしますので、よろしければ前の方に来ていただければと思います。すみません、最後駆け足になりましたが、以上で終わりにさせていただきます。どうもありがとうございました。

司会：畠山さん、ひとまず、ありがとうございます（拍手）。

＝質疑応答＝

司会：皆さん、どんなことでも、気になることですとか、この機会に聞いてみたいことがあれば、いかがでしょうか？

弁護士の数は多すぎるのか？

学生A：僕の聞いた話では、アメリカでは弁護士が多過ぎて低賃金で働いている弁護士の方がいらっしゃるとか、労働環境も厳しいということを伺っていますが、日本の場合はそういったことがあるのでしょうか？

あとは、司法制度がかなり改革されたと思うのですが、その結果どういうふうになってきているのかということです。弁護士の数が増えているのか、関連して仕事の量自体は増えているのかといったあたりをお話ししていただければと思います。

畠山：まず低賃金の弁護士がいるかという点ですが、これはいるということになります。昔はすでに存在している弁護士事務所に会社員のように就職して、そこで給料を貰って仕事をして、仕事を覚えたら独立して自分の事務所を持つというのが一般的でした。給料を貰う弁護士のことを「イソ弁」、居候弁護士の略で「イソ弁」と言います。

もちろん、今でも大多数は、弁護士としてのキャリアを「イソ弁」からスタートしていますが、事務所には入れてあげるけれど給料はないよというスタイルの弁護士も増えてきています。これを「ノキ弁」と言います。「軒先（軒下）借り弁護士」です。ちなみに、弁護士にノキ弁ということを話した時に、その概念を知らない人はいません。

新人弁護士にとっては、イソ弁が理想的なパターンです。給料を貰って事務所の仕事をして、そのなかで経営者弁護士から仕事を教えてもらうことができるからです。ノキ弁は事務所に机を置かしてあげるけれども、仕事は自分で取ってきてとか、経営者弁護士が忙しい時に仕事を振ってもら

い、その事件の報酬の一部を事務所から受け取る形が多いようです。したがって、収入という意味では不安定であることが一般的だと思います。

「タク弁」、これもどの弁護士に話しても意味は通じると思います。これは「自宅弁護士」です。事務所に就職することができず、ノキ弁にもなることができず、ましてや、自分の事務所を持つこともできないために、自宅を事務所として活動している弁護士のことです。

「携帯弁」、これは携帯を使って活動している弁護士のことで、意味としては事務所を持たず、お客さんからの電話を携帯電話でやりとりをする弁護士のことです。ノキ弁以下は基本的に自分で稼がないといけませんので、非常に大変です。特に、弁護士になりたての時期には仕事は多くありませんので、非常に大変であるということになります。

このように、従来のイソ弁とは異なる形で、弁護士のキャリアをスタートさせている人の多くは、一般的に思われているような弁護士の収入を得ているということはないと思います。

当初は弁護士を増やすことで、弁護士費用が安くなり、それによって、今まで弁護士を利用したくても利用しなかった層が弁護士を利用するようになるという考え方があったのですが、日本の社会は、アメリカの社会と違って訴訟や争いごとをあまり好まない文化・社会ですので、実際には、訴訟などの業務が増えているということはありません。むしろ仕事が減っている業務分野があるくらいで、弁護士業界は今大変な状況です。

学生A：今から考えてみると、必ずしも増やす必要はなかったということですか？

畠山：弁護士たちの多くはそう思っているのではないかと思いますが、他方で弁護士費用が低額になってきているということも事実ですので、弁護士に依頼をする側の目線に立った時には効果があったとも言えるのかなとは思います。

ただ、他方で、弁護士がボランティア的な仕事（プロボノ活動とも言います）をしにくくなってきているのではないかという意見もあり、これはこれで問題であると思っています。つまり、弁護士の仕事はビジネスの側面もあるけれども、お金が儲かるとか儲からないとかには関わりなく、極端にいえば、お金を１円もいただけなくてもやるべき仕事というのがあるわけです。

しかし、他の普段の仕事の報酬が下がってきてしまうと、弁護士自身に経済的な余裕がなくなってしまい、そういった活動が不十分になってしまうのではないかという意見です。例えば、先ほどの生活保護の受給のお手伝いをさせていただいた女性についての仕事もそうですし、ホームレスの方の刑事事件後の仕事もそうですが、あのようなケースの場合、私は報酬はいただいていません。

しかし、それ以外の通常の事件の報酬があまりに低くなってしまうと、弁護士たちも「この件でも報酬を頂かなくては…」という考えになったり、さらに深刻な状態になると、そういった儲かるとはいえない事件や手弁当でやるべき事件に取り組めなくなってしまうかもしれません。そのように考えると、弁護士の増加や弁護士費用が下がることは良い面だけではないのではないかと思っています。

学生A：分かりました。感覚的に納得できるのですけれども、イソ弁とかノキ弁・タク弁の人たちの割合というのはどの位いるのでしょうか？

畠山：わたしも正確にはわかりませんが、イソ弁ではない新人弁護士が増えているとしても、半分を超えているということはないと思いますし、多数はイソ弁になることができているのだと思います。ただ、さきほどもお話ししましたように、ひところに比べて、イソ弁の給料が下がっていることは間違いないと思います。

弁護士からのアドバイス（転ばぬ先の杖）
－交通事故関係を中心に

司会：私からも2つ伺いたいと思います。

　まず、大学生・若い人たちがトラブルに巻き込まれないようにする、あるいは予期せぬトラブルに巻き込まれてしまった時にはどうすれば良いのかアドバイスをお願いします。

　今日のお話では、ドラッグはいけませんとか、男女関係の終わらせ方についてのアドバイスがありましたけれども、もしそれ以外にも、大学生や若者が助けを求めにきたとか、あるいは皆さんに「気を付けて、こういうことがあったら、弁護士に助けを求めたほうが良いのですよ」といったアドバイスがあれば、お願いしたいのですが、いかがでしょうか？

　もう1つ伺いたいのは、弁護士の仕事のイメージがより湧くためにお話しいただきたいのですが、民事事件というのは解決までにどれぐらい時間

がかかるのでしょうか？　また解決というのは最後はどのような結論になるのでしょうか？

畠山：大学生に多いトラブルとしては、まず契約に関するトラブルが挙げられます。少し高めの買い物を分割払いでした時に、契約書をきちんと読まないで契約をしてしまって、「こんなはずではなかったのに…」ということもあります。

　男女交際のトラブルもさきほど言いましたように、わたしは7年のキャリアですけど、弁護士になった頃には、大学生ぐらいの人が交際をしていて別れるのに何かトラブルになるということはあまりなかったのですけれども、それもちょっと増えてきている印象があります。

　キャンパス内のトラブルも結構聞きます。先生との関係が上手くいかないというのもそうです。

交通事故の被害者になってしまったときには…

　あとは交通事故です。大学生ですと、車を運転される方もいると思いますし、加害者、被害者双方になり得ます。そして、これも例年お話させていただいているのですが、交通事故の被害者になってしまったときには、弁護士を付けたほうが受け取ることのできる保険金の金額が増えることが一般的ですので、少しお話させていただきます。

　通常、保険会社との交渉を自分でするよりも弁護士を付けて交渉してもらったほうが、保険会社から貰える金額が相当程度増えます。これは、ど

ういうことかといいますと、保険会社は、被害者本人が交渉をしている場合と、弁護士が交渉している場合とで基準を変えています。もっと言いますと三段階ありまして、本人が交渉している場合、弁護士が交渉している場合、裁判を起こした場合で、保険会社は三段階の賠償金の基準を使い分けています。

　ちなみに、これは不合理なようにも思えますが、例えば、裁判をするとそれだけ時間もかかりますし、被害者側も裁判費用や弁護士費用がかかったりするわけです。それを考えれば、裁判をするのではなく、話し合いで解決ができれば、被害者も、時間的にも費用的にもメリットがあるわけです。ですから、保険会社からすれば、その分裁判をした時よりも支払う金額については低くするというのは、あながち不合理なことではないといえると思います。当事者間の話し合いでの早期解決のメリットや、裁判費用がかからない分を考慮して支払額を定めるということです。また、経済学の授業などでも習ったりするかもしれませんが、１年後にもらう１００万円よりも今日もらう１００万円のほうがもらう方からすると価値が大きいと言えますので、そういった意味でも、保険会社の基準は全く理由が無いものとは言えないと思います。

　あまりに軽微な事件なら別ですけれども、ある程度大きな怪我を負い、後遺症が残ってしまうような状況になるのであれば、それは間違いなく弁護士を付けたほうが良いと思います。「そうなんだ、へー。」ということで知っておいていただければと思います。

　自分で交渉していたときよりも弁護士費用を引いたら、やはり自分で交渉したほうが手元に残るお金が多かったのに…ということは、悪徳弁護士

でもない限りありません。

　ですから「自分で交渉していたら100万円で、弁護士を付けて200万円になったから、弁護士費用は50万円ですね」みたいになって、150万円は自分で貰える感じになりますので、交通事故等のときには弁護士に相談したほうがいいケースが多いと思います。

　もちろんこれは自分でやったほうが良いですよというときには、弁護士さんに相談に行けば「ご自身でどうぞやったほうが良いですよ」と言われて、その時の相談料を支払って終わるということになると思いますので、万一、自分の周りでそのようなことがあったら、是非検討してみていただければと思います。

自転車保険に加入しましょう

　交通関係では、もう1つ自転車保険の話があります。

　皆さん、通学や日常生活で自転車に乗ることがあろうかと思いますが、無謀な運転をしていなくても、事故の加害者になってしまうことがあり得ます。自動車を運転しているのと同様に、自転車を運転中に歩行者にぶつかってしまい、その方の人生を大きく変えてしまうような後遺症を残してしまうことも可能性としてはあり得ます。

　そのような場合には、皆さんの想像を超えるような賠償金を支払わなければならなくなってしまいます。実際にそのような裁判例も複数存在しています。被害者に重大な怪我や後遺症を負わせてしまった場合、運転していた乗り物が自転車であっても自動車であっても、結果に対する責任に違

いはないからです。

　ですから、コンビニで気軽に入れるものもありますし、あるいは自転車を購入する際にも販売店で保険に加入することは可能だと思いますので、ぜひ保険に加入してください。ご家族を含め、自動車を運転される方が家族にいる場合には、その自動車保険に個人賠償責任保険が付いていることもありますので、そちらも確認しておいた方が良いかと思います。

　大学生にも多く関係するという意味では、そのあたりでしょうか。

＊補記
　自転車保険はメディアでも度々取り上げられている。例えば『日本経済新聞』平成２７年１１月２日付を参照。
　「自転車による事故を補償する自転車保険の契約が伸びている。2015年度の主要4社の新規契約は前年度の約2.4倍の47万件に増える見通し。ここ数年、事故で多額の賠償金を求められる事例が相次いでいるのが大きい。保険加入を求める自治体が増えていることも背景にある。…
　自転車は自動車損害賠償責任（自賠責）保険のように、法律で加入が義務付けられているわけではない。ただ自転車による事故で高額の賠償金を命じる判決が目立っている。2013年には神戸地裁が、小学生の自転車にはねられた高齢女性が寝たきりになった事故を巡り、男児の母親に9,500万円の賠償を命じる判決を出し話題になった。
　今年10月には兵庫県が全国で初めて自転車保険の加入を義務付ける条例を施行。
　国内を走る自転車の台数は推定7千万から8千万台だが、既存の自動車保険などに付ける特約の加入者を含めても自転車保険への加入率は2割程度にとどまる。」

民事事件の解決はどのようになるのか？

　例えば、貸したお金を返してくれない、依頼を受けて仕事をしたのに報

酬を支払ってくれないというような事案があるとしましょう。このような事案では、まず、弁護士から手紙を送って支払いを求めるということが多いかと思います。

一般の方であれば、弁護士から手紙が届けば、これはまずいと思って、すぐに支払ってきてくれるということもあります。この場合は、相談を受けて、手紙を作って、お金が支払われてという流れになりますけれども、1週間程度のうちに事件が解決してしまうこともあります。

もっとも、手紙を出したところ、相手方にも言い分があって、例えばこのお金は借りたのではなくもらったのだとか、一部は返しただとか、仕事の一部が完成していないから払わないのだといった言い分がある場合などには、協議を行う必要が出てきますので、解決までにもう少し時間がかかることもあり得ます。

支払義務があることは認めるけれども、分割払いにしてほしいという主張がされることもあり得ますので、その場合には、お金の回収が完了するところまで含めると、長い時間がかかるということになります。

次に、先ほどの貸したお金を返してくれないであるとか、何か仕事の依頼を受けて仕事をしたのにその報酬を支払ってくれないという事案で、裁判をすることになったとします。そうしますと、訴状というのですが、相手方を訴えるための書面を提出してから、第1回の裁判が開かれるまでに1か月、仮に、相手方が事実をそのまま認めたとしても、判決が出るまでに1〜2週間、さらに、その判決が確定するまでに2週間程度はかかりますので、準備段階から入れると、どんなに短くても3か月くらいはかかることになります。

しかし、これは、相手方が支払義務を認めた場合ですので、相手方が争ってきた場合には、もっと長い時間がかかります。民事裁判というのは、通常1か月に1回くらいのペースで進んでいくこともあり、争いのある事案では、すぐに半年や1年は経ってしまいますし、それ以上の時間がかかる裁判も少なからずあります。

男女間のお付き合いは誠実に

　男女間の交際関係終了にあたってのトラブルは、もっと長くかかる場合が多いです。場合によっては1年、2年かかることもあります。法的にどうこうということではなく、納得の問題と言いますか、気持ちの問題を多分に含んでいますので、長引くことが多いのです。

　片方は「もう絶対に復縁なんかないよ」と言っているけれども、もう片方が望むのは復縁だけであるという話になると、もうそれは法的にどうだということではなくて、人間の気持ちの問題ですので、なかなか話し合いが進みません。お付き合いは誠実にして、もしお別れをするのであれば、きちんと話し合って別れるのが一番良いかと思います。

一日に扱う仕事の件数は？

司会：畠山さんの場合は、同時に何件ぐらいの仕事を扱っているのですか？

畠山：これはそのときの状況にもよるのですが、わたしは少ないほうで、30件から50件くらいでしょうか。裁判になっているもの、相談を受けているだけのものなどを含め、また、刑事事件も民事事件も合わせてということで、30件から50件だと思います。

　これは少ないほうだと思います。全ての事件が重大事件というわけではないのだと思いますが、常時200件の事件を抱えているという弁護士もいます。

司会：毎日その30件を何かしら動かしているのでしょうか？

畠山：いえ、そうではないです。

司会：では、1日に集中して取り組むと言いますか、山場を迎えたり準備が必要なのは、そのうちの何件くらいなのでしょうか？

畠山：そうですね。そういうカウントをすると、おそらく1日に触るといいますか、何らかの対応をしている事件といいますと、1日5件から10件を少しずつ動かしている感じでしょうか。

　メールや電話のやり取り、依頼者との打ち合わせ、裁判のための文書の作成、相手方との交渉、法律や判例の調査などの仕事がありますが、1日にある1件についてだけ集中的に取り組むというよりは、いろいろな事件について、少しずつ色々な作業に当たっていることが多いように思います。

　メールや電話はどうしても毎日きますので、あるひとつの事件に集中し

て取り組みたい場合には、夜間や休日を利用することが多いです。

司会：ありがとうございます。

　最後に1つだけ、「ポテンシャル」＋「努力」＋「運・タイミング」＝「結果」のお話に関連して、私からも皆さんに一点お伝えしたいと思います。

　畠山さんの講義を毎年伺っていますと、以前は「頑張って努力しよう」というメッセージに聞こえたのですが、最近は、それに加えて、「運やタイミングの要素も結構あるよね」というメッセージにも聞こえます。

　私も同感です。もちろん司法試験は難しいと思いますが、学生のときの試験勉強までは「努力」が結果に跳ね返ってくることが多いと思うのですが、それ以降は「運やタイミングの要素も結構あるよね」と思います。

　ただ、皆さんに悲観的に思わないでいただきたいのは、運やタイミングが結果的にラッキーな方向に作用することもあります。例えば就職活動を例に取ると、たまたま浪人や留年をしてしまって周りの人より1年なり数年なり遅れたおかげで景気が回復して就職の氷河期を免れたとか、同級生だった友達から就職活動についてのリアルなアドバイスをもらえて満足のいく内定をもらうことができたということも実際にあります。

　また、運やタイミングのせいで自分の望む結果を得られなかった時に、気持ちを切り替えたり立ち直ったりするのには、やはり趣味や友人も大事なのかなと思います。気持ちを共感してもらえることもありますし、大変だった事柄をひとまず離れて趣味や付き合いを楽しむこともできますので。

余計な話をして失礼いたしました。では、畠山さん、長いこと改めてありがとうございます。(拍手)

畠山： 皆さん、どうもありがとうございました。弁護士バッジなどはなかなか本物を見る機会はありませんので、是非この機会に見てみてください。

あとがき

　この講義録を読んで、皆さんはどのような感想を持たれたでしょうか。
　弁護士なかでもマチ弁は依頼者の代理で仕事をし、その「社会的生命」を預かっているとの点を、まず理解していただけたかと思います。あるいは、仕事として外に出向くことも多いという点が意外だったかもしれません。
　刑事事件での弁護士の仕事は福祉的な要素も多く含むのだとか、「容疑者」との言い方は刑事訴訟法の中では本来の用語とはいえないのだとか、民事事件では解決までの時間が結構長くかかるといった点も、初耳だったかもしれません。
　恋人とのお付き合いは誠実にしなくてはとか、ソーシャルメディアはやはり慎重に使わなくてはいけないと、改めて思ってくれたかもしれません。あるいは、きちんとした手続を踏むことは、それほどまでに重要なことなのかと思ったかもしれません。
　このように、皆さんそれぞれが「へー、そうなんだ、知らなかった」と感じたり、あるいは興味を持った点が一つでもあれば、我々筆者としては非常に嬉しく思います。
　また、学生生活そして社会生活を営む上でのアドバイスやヒントについても、各自の記憶の片隅に留めておいてもらえますと、それも嬉しく思います。
　例えば、何か契約をするときには書類を今まで以上に丁寧に読むようにしようとか、やはり自転車保険に加入しておこうとか、交通事故に遭った

ときは弁護士に相談したほうが良いかもしれないといった心構えは、皆さんが遭遇しうるシチュエーションにおいて役に立つことがあるかもしれません。

　さまざまな制度に関連して役所・行政機関へ申請に行くことの重要性についても、大学生の皆さんであれば、国民年金の納付特例でさっそく認識できるかもしれません。

　アルバイトについても、これまでとは違った捉え方をしてみてはいかがでしょうか。正社員よりも給料が少ないということは、その分、責任も小さいわけですから、つまり大きな責任を負うことなく仕事のプレ体験ができるしチャレンジできるチャンスであるとも言えるでしょう。

　また、いろいろな人とお付き合いすることによって、自分に合う人や自分の苦手な人を知るあるいは距離の取り方を知ることもできるとの点も、皆さんにとっては新鮮な視点だったかもしれません。

　最後に繰り返しになりますが、この講義録が皆さんの滋養となり、大学生活そして社会生活が安全で有意義・充実したものとなることを願っております。

著者略歴

田丸　大（たまる　だい）

1970年　東京都生まれ
1993年　東京大学法学部卒業
1993年から1995年　旧建設省勤務
1998年　東京大学大学院法学・政治学研究科修士課程（専修コース）修了
1998年から2002年　財団法人東京市政調査会研究員
2002年から　駒澤大学法学部勤務
現在、駒澤大学法学部教授

畠山　慎市（はたけやま　しんいち）

1981年　北海道札幌市生まれ
2004年　早稲田大学法学部卒業
2006年　駒澤大学法科大学院修了
2007年　新司法試験合格
2008年　第61期司法修習を修了　弁護士登録（東京弁護士会）
2012年から　駒澤大学法科大学院非常勤講師
2016年　畠山・黒川法律事務所　開設

大学生に知ってほしい弁護士の仕事

2016年4月30日　初版発行

著者　田丸　大
　　　畠山　慎市

定価（本体価格980円＋税）

発行所　株式会社　三恵社
〒462-0056　愛知県名古屋市北区中丸町2-24-1
TEL 052 (915) 5211
FAX 052 (915) 5019
URL http://www.sankeisha.com

乱丁・落丁の場合はお取替えいたします。

©2016 Dai Tamaru , Shinichi Hatakeyama

ISBN978-4-86487-478-6 C1032 ¥980E